자기결정성, 나로서 살아가는 힘

KB193333

이 책은 연세대학교 미래융합연구원(ICONS) 산하 디지털 치료 연구센터의
융합연구 결과물을 활용하여 이루어진 것입니다.

남들에게 휘둘리지 말고 당당하게 나 자신으로 살자

자기결정성,
나로서 살아가는 힘

LIVE AS MYSELF

✦ 김은주 지음 ✦

쌤앤파커스

사람을 이해하는 두 경로가 있습니다. 책장에 둘러싸여 이론에 박식하지만 삶의 생생한 현장에 대해서는 민감하지 못한 경우. 반대로 사람들의 다양한 인생 스토리를 접하지만 상식과 직관 수준에서 그 내용을 소화하는 경우. 이 책은 이론과 현실의 균형을 잘 유지합니다. 그러면서 아주 중요한 인생 질문—나를 지키며 남과 더불어 사는 방법—에 대해 구체적인 지혜를 내놓습니다. 누구나 삶이란 선물을 값지게 쓰고 싶어 하지만 안개에 갇힌 느낌이 들 때가 있습니다. 그들에게 좋은 이정표가 될 수 있는 따뜻한 과학책입니다

— 서은국(연세대학교 심리학과 교수, 《행복의 기원》 저자)

자기결정성 분야의 권위자인 김은주 교수의 《자기결정성, 나로

서 살아가는 힘》을 읽은 후 저는 행복해졌습니다. 각자가 삶의 주체가 되고 소망을 이뤄 행복의 바다에 닿기를 바라는 저자의 따뜻한 진심이 느껴졌기 때문입니다. '무엇이 사람을 움직이게 할까?', '우리는 무엇을 통해서 행복에 이르게 될까?' 자기결정성 이론의 3가지 기본심리욕구 충족의 측면에서, 나아가 실질적인 전략을 동반한 명쾌한 해답을 제시하고 있습니다.

저자의 진솔한 삶의 경험과 흥미로운 사례가 공감의 깊이를 더합니다. 동시에 관점에 깊이가 있습니다. 흔히 혼동하는 쟁점을 분별하도록 안내합니다. 예컨대 '자율성 부여와 방임은 다르다.', '모두로부터의 사랑 대신 중요한 사람과의 의미 있는 관계가 중요하다.', '자율성 지지 환경에도 구조화가 필요하다.'와 같은 표현을 찬찬히 음미하게 됩니다. 이 책을 성장과 행복을 추구하는 모든 이에게 필독서로 추천합니다. 여러분도 눈을 뗄 수 없을 것입니다.

─ 이동귀(연세대학교 심리학과 교수, 2022년 한국상담심리학회장)

슬픔보다는 기쁨, 일상생활의 반복보다는 예외적인 순간의 행복으로 가득한 인터넷을 보면 우리는 타인의 가짜 삶을 부러워하기 쉽습니다. 그런데 바람직한 행복이란 '저 산에 도전하고 싶다.'라는 마음으로 도전하고, 정상에 올라 만족감을 느끼고, 또다시 욕망과 현실의 불일치를 찾아가는 것이라고 생각합니다. 스스로 불일치를 만들고, 그 격차를 줄이고, 또 더 큰 불일치를 만들어가는 지속적인 과정이 참된 행복이지요.

물론 그게 그렇게 쉬운 일이었다면, 대한민국 서점들이 자기계발 서적들로 가득하지 않을 것입니다. 하지만 김은주 교수의 책은 다릅니다. 행복의 핵심 조건인 자율성, 유능성, 그리고 관계성의 이론적 배경과 실질적 사례를 모두 다루는 신선한 책입니다. 즉, 내가 원하는 게 무엇인지 파악하고, 내가 주도하여 나 자신의 행복을 만들어가는 과정을 찬찬히 알려줍니다. 자신과 가족, 그리고 대한민국 사회의 행복을 진심으로 바라는 모든 분에게 이 책을 추천합니다.

— 김대식(카이스트 교수, 뇌과학자)

인생을 살아가면서 참으로 어려운 과제 중 하나가 두 마리 토끼를 찾는 것입니다. 그리고 어느 토끼도 놓치면 안 되는 삶의 경우들이 있습니다. 그것이 바로 열심히 살아가는 '과정'에서도 마땅히 '행복함'을 잃지 않는 것입니다. 하지만 그것이 쉽지 않기에 우리는 둘 중 한 마리의 토끼를 무의미하거나 쓸모없는 것이라고 생각하곤 하지요. 가장 큰 이유는 바로 '나'로 살지 못하기 때문입니다. 무슨 뜻일까요? 나를 위해 정말 열심히 살아간다고 하지만 결국 나를 위한 것이 아닌 경우가 너무나도 많기 때문입니다. 그로 인한 실망감과 배신감을 다시금 스스로의 인생에 화풀이하는 악순환을 이제 끊어낼 때가 됐습니다. 잘 보이지 않던 그 실마리가 이 책을 만나면서 맑게 보이기 시작했습니다. 이 신선한 경험을 많은 독자들도 느껴보면 좋겠습니다. 늘 곁에 두고 틈틈이 읽어볼 만한 책이 세상에 나왔습니다.

- 김경일(아주대학교 심리학과 교수, 인지심리학자)

대학교에 입학한 첫 학기에 김은주 교수님을 찾아가 "연세대에 와보니 너무 재미없어요."라는 말로 상담을 신청했던 기억이 있습니다. 새내기 대학생의 다소 어이없는 발언에도 교수님은 '말하기와 토론' 수업을 들으며 커뮤니케이션 공부도 하고 다른 수강생들과 이야기를 나누어보자고 자상하게 조언해주셨습니다. 실제로 이 수업은 행복한 대학 생활을 시작하게 해준, 가장 기억에 남는 수업입니다.

교수님의 수업을 관통하는 핵심 메시지는 '가짜가 아닌 진짜 나로서 사는 것'이라고 생각합니다. 돌이켜보면 대학 생활이 재미없었던 것도 입시 결과와 같은 외부적 잣대로 자기 자신을 평가하는 '가짜' 삶에 익숙했던 제 마음 때문이었던 것 같습니다. 스스로 행복을 개척해야 하는 상황을 마주했을 때 느낀 막막함과 실망감이 그렇게 표현되었던 것입니다. 교수님의 수업에서 나 자신을 발견하고 타인과 긍정적인 관계를 맺는 법을 배웠는데, 이제는 수업을 들은 지 10년도 더 넘었습니다. 책을 읽어보니 강의보다 더 포괄적이고 상세하여 교수님의 수업을 두고두고 경험할 수 있을 것 같습니다. '진짜' 나로서 살아가고자 하는 분들에게 이 책을 강력하게 추천합니다.

– 신기대(2011년 1학기 '말하기와 토론' 수강생, 예일대학교 물리학 박사)

인간관계 최고의 수업 1위, 나를 변화시킬 수 있는 진정한 대학 교양 1위! 김은주 교수님의 강의는 대학교에 와서 들은 강의 중 단연 최고였습니다. 인생에서 가장 소중한 인연으로 맺은 가르침을, 이 책을 통해 더 많은 사람과 나눌 수 있게 되어 기분이 좋습니다.

《자기결정성, 나로서 살아가는 힘》은 자기결정성 동기이론의 관점에서 타인과 마주하고 관계하는 경험을 통해 나다움을 찾고 행복해질 수 있다는, 희망찬 확신을 담담하게 전달하는 '행복 입문서'입니다. 행복이 마치 평생을 고군분투하며 큰 비용을 치러야만 얻을 수 있는 업적인 양 여겨지는 행복의 빈부격차 시대에, 이 책이 알려주는 '나 자신의 내면, 타인, 세상과 마주하고 관계를 맺는 일'은 시대의 급류에 좌초되지 않도록 삶의 새로운 가능성을 열어주고 있습니다.

만일 지금 삶에 지쳤고, 내일이 불안하다고 느낀다면 도리어 여러분은 지금 세상에서 가장 행복한 사람인 셈입니다. 그 때문에 이 책을 펼쳐보게 되었으니까요. 책을 읽으며 느껴보길 바랍니다. 행복은 다름 아닌 내 안에 있음을, 앞으로 행복을 마주할 일들만 남았음을, 이 순간이 삶의 환희로 향하는 전환점임을 말입니다.

— 원동겸(2024년 2학기 '말하기와 토론' 수강생, 연세대학교 정치외교학과)

교수님의 수업을 통해 저 자신으로 살아가는 법을 배웠듯이, 여러분도 이 책의 마지막 장을 넘길 때 '나는 누구인지', '행복하게 꿈을 이루는 전략은 무엇인지' 하나하나 터득하게 되리라 믿습니다.

교수님의 수업은 "나는 누구인가?"라는 질문에 답을 찾아가는 과정이었습니다. 수업에서 반복을 통한 강조, 에토스의 형성 방법 등 다양한 설득 수단에 대해 배웠습니다. 그러나 이보다 더 중요한 것은, 자기결정성 동기이론과 사례를 통해 제 삶을 대하는 태도와 관점이 달라졌다는 사실입니다. 교수님의 수업을 나 자신에게 적용해봄으로써 첫 질문에 대한 답을 얻게 되었습니다.

이 책은 한 학기 분량의 수업 내용을 담고 있습니다. 자기결정성 이론에 대한 설명은 자율성, 유능성, 관계성이라는 3가지 소주제로 나뉘어 상세해졌고, 각각을 뒷받침하는 사례가 더해져 교수님의 언어가 생동감 있는 문장으로 피어났습니다. 예컨대 '성과는 가끔 지각하지만 결코 결석하지 않는다.', '우리가 맺는 관계의 총합이 곧 우리 삶이다.', '솔직한 사람에게 기회의 문이 열린다.' 와 같은 글은 행복 전략을 실천하고 싶게 만드는 부드러운 권유입니다. 이 책은 미소를 잃지 않고 꿈에 다가가고 싶은 이들을 위한 나침반입니다.

– 장준하(2024년 2학기 '말하기와 토론' 수강생, 연세대학교 정치외교학과)

입시가 끝나고 대학에 오면 즐거움과 행복만 있을 것이라고 기대했는데 현실은 꼭 그렇지만은 않았습니다. 그래서 1학년 때 조금 힘든 시간을 보냈습니다. 돌이켜보면 행복해야 한다는 일종의 강박으로 자신을 옥죄었던 것 같아요.
그때 수강한 김은주 교수님의 '말하기와 토론'은 저의 인생 수업이었습니다. 인생을 살며 가져야 할 태도와 마음가짐에 대해 배울 수 있었거든요. 행복에 대한 강박에서 한 걸음 물러서서 스스로 돌아볼 기회를 주었습니다. '행복이란 무엇일까?', '행복하기 위해서는 어떻게 해야 할까?' 이 책을 읽으면서, 행복을 찾아 헤매는 대신 행복을 '이해하고 느끼는 법'을 배울 수 있었습니다. 인

생에서 길을 잃은 것 같을 때 이 책을 다시 읽어보겠습니다. 교수
님의 수업이 저의 인생 수업이었듯 이 책이 여러분의 인생 책이
되기를 기대합니다. 행복을 좇기보다 스스로 선택하는 사람이
되고자 한다면 분명 좋은 길잡이가 되어줄 것입니다.

– 이주현(2024년 2학기 '말하기와 토론' 수강생, 연세대학교 행정학과)

저는 피상적 관계를 맺고, 피상적 칭찬을 하는 경우가 많았습니
다. 하지만 관계성에 대해 배우고 나서 상처받더라도 상대에게
더 다가가고 마음을 나누려고 노력하게 되었습니다. 특히 "비꼬
지 말고 확실하게 칭찬하라."는 교수님의 피드백을 듣고, 그때부
터 온 마음을 다해 칭찬했습니다. 놀랍게도 사람들이 진심이 보
인다며 다가와주었고, 그들과 진정성 있는 관계를 맺을 수 있게
되었습니다. 진심으로 공감할 수 있게 되었고, 다양한 감정을 느
끼는 사람이 되었습니다. 이제 세상 모든 걸 사랑할 수 있게 된 것
같습니다.

이 책에는 쉽게 써먹을 수 있는 심리적·교육적 법칙들이 담겨 있
습니다. 관계를 통한 행복뿐 아니라 나로서 살아간다는 것이 무
엇인지 알게 하고, 삶을 살아가는 데 꼭 필요한 근원적인 힘에 대
해 가르쳐주는 최고의 책이라고 자부합니다.

– 박해진(2024년 2학기 '말하기와 토론' 수강생, 연세대학교 교육학부)

'말하기와 토론'을 수강하기로 결심했을 때 누구와 말하더라도 지지 않는 법을 배울 것이라 생각했습니다. 그런데 교수님의 강의에서 다루는 말하기 능력은 웅변대회나 토론에서의 말하기만을 뜻하는 것이 아니었습니다. 평소 친구들과 나누는 일상적인 대화나 입사한 후 처음 하는 인사, 카톡으로 하는 짧은 답장까지…, 사소한 한마디도 진심을 담아서 건네야 소중한 인연을 만들 수 있다는 것을 배웠습니다.

교수님은 솔직하고 진정성 있는 대화를 통해서 의미 있는 관계를 형성하는 일의 중요성을 일깨워주셨습니다. 이 책은 타인과 관계를 맺고 유지할 때 필요한 소통 능력을 다루는 책입니다. 사랑하고 사랑받고 싶은, 그리고 행복한 삶을 살아가고픈 분들에게 이 책을 추천합니다.

— 송채리(2024년 2학기 '말하기와 토론' 수강생, 연세대학교 사회복지학과)

나 자신이 어떤 사람인지도 잘 모르는 상태에서 좋아하는 것을 어떻게 찾을 수 있을까요? 이 수업은 내가 진정으로 좋아하는 것을 찾게 해주었을 뿐 아니라 내가 누구인지, 어떻게 지금의 내가 되었는지를 제대로 생각해볼 시간을 주었습니다. 꼭꼭 숨겨두었던 이야기를 많은 사람 앞에서 꺼내놓게 되었고, 인간관계에 대한 고민도 말끔히 정리되어 훨씬 가벼운 마음으로 중요한 것들에 집중할 수 있게 되었습니다.

교수님이 가르쳐준 행복, 관계, 그리고 나를 알아가는 데 필요한 모든 것이 이 책에 꾹꾹 눌러 담겨 마치 한 학기 수업을 다시 듣는 듯한 기분이었습니다. 이 책을 읽고, 많은 사람이 스스로 특별함을 깨닫고 '나로서 살아가는 힘'을 가지면 좋겠습니다.

— 신지민(2024년 2학기 '말하기와 토론' 수강생, 연세대학교 언론홍보영상학부)

차례

프롤로그 행복하기로 선택한 사람들 ——————— 16

Chapter 1.
행복의 조건들: 자기결정성 이론이 알려주는 행복의 핵심 조건들

자기결정성 전략 #1 자율성
나로서 살아간다는 것은 무엇인가? ——————— 29

자기결정성 전략 #2 유능성
"행복을 위해 일은 적당히 할래요!"의 치명적 오류 ——— 45

자기결정성 전략 #3 관계성
만남의 깊이도 능력입니다 —————————— 59

Chapter 2.
내 인생의 주인은 나_자율성

스스로 패를 펼쳐야 인생의 게임이 시작된다 ———— 71

자율성을 빼앗기면 다 빼앗긴 것이다 ——————— 79

원하는 대로 다 해봐! —————————————— 86

구조화된 자율성 지지적 환경을 통한
자율성 향상 전략 9가지 ———————————— 93

Chapter 3.
나의 일을 잘 해낼 수 있다고 지각해야 행복하다_유능성

"일과 행복 중 무엇이 우선이냐?"는 잘못된 질문이다 —— 107

내일부터 한다고 미루기만 하면
정작 일할 오늘은 영영 오지 않는다 ——————— 116

몰입을 통한 끈기의 힘 ————————————— 129

유능성 향상 전략 10가지 ——————————— 139

Chapter 4.

행복한 삶을 위한 가장 강력한 조건은 관계성이다_관계성

하버드대 연구가 알려주는 행복의 조건 —————— 163

우리가 맺는 관계의 총합이 곧 우리 삶이다 —————— 173

진정으로 성공한 삶 —————— 176

관계가 좋으면 생기는 일들 —————— 180

솔직함의 힘: 솔직한 사람에게 기회의 문이 열린다 —————— 184

인간관계 상호작용의 법칙 —————— 191

관계의 성공은 '나 자신'에게 달려 있다 —————— 198

관계성 향상 전략 7가지 —————— 203

Chapter 5.

나로서 살아가며 원하는 사람의 마음을 얻는 법

매력과 능력의 러버블 스타 —————— 217

원하는 사람의 마음을 얻는 법: 공감 —————— 224

가장 친절한 자가 가장 끝까지 살아남는다 —————— 230

공감 향상 전략 6가지 —————— 236

에필로그 나 자신의 행복을 넘어서서,
　　　　 축복의 통로로서의 나 —————— 247

참고문헌 —————— 254

행복하기로 선택한 사람들

저는 고등학교 1학년 때까지 학교 대표 축구선수였어요. 어렸
을 때부터 축구를 좋아했고, 초등학교 때부터 선수로 뽑혀서
쭉 선수 생활을 했어요. 고등학교 1학년 어느 날 경기를 뛰다가
아킬레스건이 끊어지는 사고를 당했어요. 축구 대표팀에서 나
올 수밖에 없었어요. 정말 막막하더라고요. '인생이 바닥을 친
다는 게 이런 거구나.' 하는 생각이 절로 들었어요. 열여섯 나
이에 할 줄 아는 것은 축구뿐인데 그걸 못하게 된 거예요. 사실
축구한다고 초등학교 5학년 때부터 수업을 제대로 들은 날이
며칠 되지 않았어요. 당시 저는 나이는 고등학생이었지만, 학
업 진도는 초등학교 5~6학년 수준이었어요.

대표팀에서 나오고 며칠을 죽은 듯이 누워 있었어요. 아무것
도 할 수가 없었어요. 그러다 갑자기 이런 생각이 들었어요.
'이대로 죽을 수는 없다. 그동안 내가 얼마나 열심히 살았는데!

다시 살아갈 방법을 찾아보자. 그래! 공부하자. 이제부터라도 해보자!'

마음 깊은 곳에서 불같은 것이 뿜어져나오는 느낌이 들었어요. 더는 물러설 곳이 없었어요. 그 순간부터 죽도록 열심히 공부했어요. 하루를 1분 단위로 쪼개서 공부했어요. 공부해서 대학에 입학하지 않으면, 초등학생 학업 수준으로 초라한 인생을 살 것 같았어요.

참 신기한 게 절실한 마음으로 공부하니까 읽으면 그냥 외워졌어요. 영어책을 읽으면 그냥 외워져요. 저는 평범한 학생이었는데 신기하게도 공부가 잘되었어요. 주변에서도 많이 도와주셨지만, 저도 정말 열심히 공부했어요. 그렇게 공부해서 재수하지 않고, 곧바로 연세대학교에 입학했어요.

이 자기소개self-presentation 스피치는 연세대학교 '말하기와 토론' 학부 강좌에서 가장 큰 박수를 받았던 스피치 중 하나입니다.

"저는 재수도 하지 않고 곧바로 입학했어요."

이 부분에서는 저와 수강생들이 모두 함께 환호성을 지르고 박수를 쳐주었습니다. 저는 '말하기와 토론' 수업에서 운동선수 생활을 하다가 심하게 부상당하고, 이를 극복해서 연세대학교 행정학과, 경제학과 등에 입학한 놀라운 학생들을 여럿 만났습니다. 운동선수에게 부상은 절망입니다. 그야말로 '10대에 인생 바닥 치기'일 것입니다. 타인이 감히 이런 심정에 '짐작이 간다.'라고 말하기도 어렵겠지요.

《아주 작은 습관의 힘》의 저자인 제임스 클리어James Clear의 이야기도 제 학생의 사례와 매우 비슷합니다. 제임스 클리어는 어려서부터 야구를 했습니다. 그는 야구를 좋아했고, 꿈은 오직 야구선수였습니다. 그런데 고등학교 2학년 때 같은 반 친구가 야구방망이를 휘두르다가 손이 미끄러져서 제임스의 미간으로 야구방망이가 날아드는 사고가 생겼습니다.

코가 부러지고, 얼굴 뼈는 30조각으로 금이 갔습니다. 왼쪽 눈은 튀어나왔고, 어떤 물건도 똑바로 보이지 않았다고 합니다. 모두가 야구를 포기할 만한 상황에서, 제임스 클리어는 주저앉지 않았습니다. 그는 인생을 걸었던 야구를 놓지 않았습니다. 비극적인 상황에서 하루하루 열심히 재활하여 1년 후 야구장으로 돌아올 수 있었습니다. 그리고 계속 열심히 재활과 훈련에 매달렸습니다. 그러한 그도 1군의 엘리트 선수에서 2군으로, 2군에서도 후보로 밀려난 날은 크게 낙담했습니다. 그날만큼은 제임스도 혼자 차 안에 앉아 라디오를 크게 틀고 엉엉 소리 내어 울었습니다. 그러나 그는 좌절에 머무는 대신 성공하기로 마음먹었습니다.

'매일 1%의 성장'을 목표로 혼신의 힘을 다해 일상의 작은 성공을 이루어나갔습니다. 그는 다행히도 한 대학교의 야구팀에 들어갔습니다. 노력 덕분에 마침내 그는 사고를 당한 지 6년이 지난 시점에 데니슨대학교 최고 남자 선수로 선정되었습니다. 제임스 클리어는 현재 미국 최고의 자기계발 전문가로 평가받습니다. 〈뉴욕타임스〉 베스트셀러 작가고, 블로그 월 방문자 수는 100만 명이며, 인스타그램 계정에는 160만 팔로워를 보유하고 있고, 그의 자기계발 뉴스레터는 300만 명이 넘는 사람들이 구독하고 있습니다.

그는 포춘 글로벌 500대 기업들이 앞다투어 초빙하는 명강사입니다. 실리콘 밸리의 IT 기업들과 아이비리그 대학들, 스탠퍼드대학교 등에서도 특강을 이어가고 있습니다. 특히 제임스 클리어는 이제 NFL, NBA, MLB 등에서 활동하는 세계적 운동선수들과 코치들을 코칭하는 사람이 되었습니다. 더는 야구를 못 할까봐 자그마한 구단에서도 2군 선수로 밀려나가서 엉엉 울던 제임스 클리어는 결국 미국 최고 운동선수들과 코치들의 멘토가 되었습니다.

제 학생의 마음에서 '불같이 뿜어져나오는 자발적인 의지'와 제임스 클리어의 '역경을 딛고 일어서겠다는 결단'과 같은 어려움을 이겨내는 이 힘은 어디에서 나오는 것일까요? 그들은 그냥 포기할 수도 있었지만 '불같은 힘'으로 그 상황을 이겨냈습니다. 그리고 어려움을 겪기 전보다 더 크게 성취했습니다. 철저히 나 자신으로서 살아가면서 위대함을 성취했습니다.

불같이 뿜어져나오는 힘의 원천

불같이 뿜어져나오는 이 위대한 힘이 어디에서 나오는지를, 자기결정성 이론Self-Determination Theory의 체계적인 이론적 기반 위에서 살펴볼까요? 행복이론이라는 별칭을 가진 자기결정성 동기이론은 1985년 로체스터대학교의 에드워드 데시Edward Deci 와 리처드 라이언Richard Ryan이 이 이론을 제시한 이래 최근까지 가장 널리 연구되고 받아들여지는 동기이론입니다. 동기는 행동을 시작하게 하고, 방향을 제시하며, 노력을 지속하도록 해주는 인간의 내적 상태입니다. 자기결정성 이론은 긍정적 정서와 동기 및 발달을 연관 지은 거시적인 이론으로서 행복과 발달에 대해서 깊이 있는 통찰을 가져다줍니다.[1]

자기결정성 이론의 하위이론인 기본심리욕구 이론Basic Psychological Needs Theory, BPNT은 인간이 타고난 심리욕구로 자율성autonomy, 유능성competence, 관계성relatedness을 제시합니다. 자기결정성 이론에 따르면 인간은 기본심리욕구들이 충족되었다고 스스로 지각해야 내재적 동기가 향상되고, 심리적으로 통합을 이루어 성장할 수 있습니다.[2] 그래서 사람들은 자연스럽게 기본심리욕구를 만족시키는 방향으로 활동하고 관계를 맺습니다.

▲ 자기결정성 동기이론의 이론적 모형

자기결정성 동기이론은 수십 개국의 교육 현장, 직업 현장과 조직, 신체활동과 건강, 심리치료, 뇌심리학 등의 다양한 측면에서 연구와 적용이 이루어지고 있습니다. 자기결정성 이론의 기본적인 모형은 위의 그림과 같습니다.

자기결정성 이론은 자신의 삶과 주요 타인들의 삶을 이해하고 목표를 행복하게 성취하는 데 많은 통찰과 도움을 줍니다. 이를테면 제 학생의 마음에서 뿜어져나온 자발적 의지는 자기결정성 이론이 제시하는 '자율성'의 원천입니다. 우리는 내 삶의 주인은 나 자신이라는 자율성의 욕구를 갖고 태어났습니다. 우리는 삶이 자신의 선택과 뜻대로 움직인다고 지각해야 만족할 수 있는 존재입니다. 그리고 사람은 스스로 무엇인가 하기로 결단하면, 엄청난 힘을 갖습니다. 때때로 그 힘은 상상하는 수준을 훨씬 넘어섭니다.

사실 자신이 얼마나 성장할 수 있을지는 자신조차 알지 못합니다. 제 학생도, 제임스 클리어도 큰 어려움을 만나기 전까지 자신이 그토록 엄청난 성과를 거둘 수 있는 사람인지 몰랐습니다. 하지만 위급한 상황에서 역경을 이겨내기로 마음먹은 후 자율성의 힘을 경험했습니다. 다시 말해 삶의 주인이 자신임을 깨닫고 나 자신으로서 살면 우리는 자신이 기대하는 것보다도 크게 성장할 수 있습니다.

진정한 나 자신으로서 살기

저는 20여 년간 연세대학교에서 학부생들과 대학원생들에게 긍정심리학에 기반한 '학습동기'와 '말하기와 토론', '교수 학습 상황에서의 커뮤니케이션: 교육방법 및 교육공학'을 가르치고 연구해왔습니다. 특히 '말하기와 토론', '교육방법 및 교육공학' 강좌는 수강생 전원이 개별 스피치와 수업 시연 실습을 수행합니다. 지금까지 20여 년간, 개별 스피치와 수업 시연을 약 3,000회 가까이 분석하고 피드백을 주다 보니, 학생들의 마음을 보다 깊이, 생생하게 이해할 수 있었습니다. 또한 학생들이 '긍정심리학'과 '행복'에 대해서 흔히 갖는 오해들도 자연스럽게 알게 되었습니다.

저는 강의에서 어떤 내용들은 영민한 학부생들도 "이런 내용은 처음 들어보았어요! 감사합니다."라고 이야기하는 것을 매학기 경험했습니다. 어느 순간부터 이 강의 내용을 책으로 담아서 더 많은 사람과 공유해도 좋겠다고 생각했습니다. 이 책에서는 훌륭하게 역경을 딛고, 행복하게 사는 사람들의 심리 메커니즘을 자기결정성 이론의 기반 위에서 체계적으로 살펴봅니다. 더불어 여러분이 이 책의 내용들을 기반으로 행복 전략들을 스스로의 삶에 적용할 수 있도록 하는 데에 초점을 두었습니다. 이 책을 통해서 작으나마 여러분의 삶의 여정이 조금이라도 더 행복해지는 데 도움이 되면 좋겠습니다.

한 번뿐인 우리의 삶, 어떤 사람들은 자율성을 발휘하며, 자신의 삶의 진정한 주인으로 당당하게 살아갑니다. 반면 어떤 사람은 통제받으며 억압 속에서 자신이 진정 원하는 것이 무엇인지도 잘 모르는 채, 허둥지둥 살다가 삶을 마감합니다. 많은 사람들이 가짜 모습으로 살아가고 있습니다. 자신의 진짜 모습을 누가 알게 되면 자신을 좋아하지 않을 것 같아서, 혹은 현실적으로 자신이 진짜 되고 싶은 사람이 영영 될 수 없을 것 같아서, 누군가의 모습을 흉내냅니다. 운이 좋아서 모든 사람을 속였다고 하더라도, 그 모습이 진정한 자신이 아니라는 것을 스스로 잘 알고 있습니다. 가짜 모습으로 살다가 삶을 마감하게 되면 그 마지막 순간이 얼마나 공허할까요?

우리는 남에게 잘 보이려고 이 세상에 태어난 게 아닙니다.

우리는 가짜로 살아가려고 이 세상에 태어난 게 아닙니다. 우리는 '나 자신으로서' 살아가려고 이 세상에 태어난 것입니다.

이 책에서는 국내외에서 널리 받아들여지고 연구되고 있는 동기이론인 자기결정성 이론의 기본심리욕구 이론에 근거하여, 자율성, 유능성, 관계성의 기본심리욕구를 만족시키면서, 행복하게 자신의 꿈을 이루어갈 구체적인 방법들을 살펴볼 것입니다. 이를 위하여, 다음과 같은 질문에 대해 생각해볼 것입니다.

* 강의실에서 제가 만난 운동선수 출신의 학생들과 제임스 클리어는 어린 나이에 어떻게 그토록 훌륭하게 역경을 헤쳐나갈 수 있었을까요?
* 어려움을 딛고 일어서서 큰 성공을 거두는 사람들의 힘은 어디에서 나오는 것일까요?
* 자기 자신으로서 행복하게 살면서, 꿈을 이루는 사람들의 특성은 무엇일까요?

이 책을 읽고 나서 여러분이 자기결정성 이론을 깊이 이해하여, 앞으로 온전히 '나 자신으로 살아가기 live as myself'에 조금이라도 도움을 받을 수 있기를 진심으로 바랍니다. 제가 그러했듯이 여러분도 자신의 삶을 '자기결정성 이론을 알기 전과 후'로 나눌 수 있기를 기대합니다.

이제부터 자기결정성 동기이론의 기본심리욕구인 자율성, 유능성, 관계성을 하나씩 살펴보면서, 어떻게 이들 심리욕구들을 만족시켜서 진정한 동기를 부여하고, 행복하게 자신의 가능성들을 이루어갈 수 있을지 하나씩 살펴보도록 하겠습니다.

김은주

LIVE AS MYSELF

Chapter 1.

행복의 조건들:
자기결정성 이론이 알려주는
행복의 핵심 조건들

나로서 살아간다는 것은
무엇인가?

저는 하버드대학교에서 학부 2학년을 마치고 생물학 실험실에 들어갈 기회를 얻었어요. 그 실험실의 지도교수님은 노벨상을 받은 분이셨어요. 지금으로부터 20년 전에 이미 뉴로면역학을 연구하고 있었어요. 당시 연구실에서는 임신한 돼지의 새끼를 배에서 꺼내 그 새끼 돼지의 뇌를 썰고 거기에 개발한 화학약품을 넣고 15분을 기다린 후 반응을 보는 실험을 했어요. 지금으로서는 윤리적으로 실험 허가가 나기 어려운 실험이겠지요. 저는 새끼 돼지의 뇌를 썰고 15분 동안 기다리는 일을 하게 되었어요.

반응을 기다리는 그 15분 동안 매번 《돈키호테》를 읽었어요. 당시에 그 책을 너무나 재미있게 읽고 있었거든요. 2달 동안 실험을 도왔는데 어느 날 싸한 느낌이 들었어요. 이 실험실 안의 그 누구도 2달 동안 단 10분도 책을 읽지 않았다는 것을 문득 깨달은 거예요.

'아, 나는 소설을 읽지 않는 사람들에 둘러싸여 있구나. 이 흥미진진한 소설에 대해서 같이 이야기할 사람이 하나도 없구나.' 하는 생각이 들자, 이곳은 내가 있을 곳이 아니라는 생각이 강하게 들었어요.

소설을 읽지 않는 사람들과 평생 동료로 같이 일하는 것, 나와 함께 《돈키호테》에 대한 이야기를 나눌 동료가 한 명도 없다는 것, 이건 정말 아니다 싶었어요. 다음 날 곧바로 영문학과 학과장을 찾아갔어요. 제 상황을 말씀드리고, 영문학으로 전공을 바꾸고 싶다고 말씀드렸어요. 그 자리에서 학과장님이 학과 변경을 허락해주셨어요. 결국 저는 영문학자가 되었어요. 두고두고 생각해도 제가 살아오면서 매우 잘한 일 중 하나예요.

지금은 그토록 좋아하는 영어 소설을 실컷 읽고, 글을 쓰고, 학생들을 가르치는 것이 제 직업이에요. 그때 마음의 소리대로 용감하게 전공을 바꾸기를 정말 잘했어요.

이 일화는 연세대학교 영어영문학과 박형지 교수가 저의 리더십 강의에서 한 특강 내용의 일부입니다. 이는 '나 자신으로서 살아가기'의 훌륭한 예시입니다. 박형지 교수는 자신의 마음의 소리를 따라서 과감하게 영문학으로 전공을 바꾸었습니다. 그녀는 내내 자신의 전공을 즐기는 행복한 사람입니다. 만약 박형지 교수가 삶의 방향을 주도적으로 선택하지 않았다면, 어떻게 되었을까요? 박형지 교수가 자신이 원하는 영문학으로 바꾸지 않고, 원래의 전공을 관성대로 고수했다면 단언컨대 다음과 같은 이야기는 하지 못했겠지요.

"내가 좋아하는 책을 읽고, 글을 쓰고, 학생들을 가르치고 토론하는 것이 나의 직업이라고? 이 직업 너무 좋은걸!"

자율성, 사람을 움직이는 통제보다 강한 힘

저와 제 동료들은 세브란스병원 정신건강의학과 연구팀과 중증 게임 중독 판정을 받은 학생들의 치유를 돕는 교육 프로그램을 협업하여 진행한 적이 있습니다. 이때 중독군 학생들에게 게임을 밤낮으로 하다가 죽음에 이른 사례를 다룬 시사 프로그램의 영상을 보여주었습니다. 이 영상을 보고 무엇을 느꼈는지 다음과 같이 질문했습니다.

"게임하느라 움직이지 않고, 밥도 잘 챙겨 먹지 않다가 안타까운 죽음에 이른 청소년들의 영상을 다 보았지요? 영상을 보고 나서 게임 중독에 대해 어떠한 생각을 하게 되었지요?"

그러자 게임 중독 학생들이 다음과 같이 대답했습니다.

"죽을 만큼은 하지 말아야겠어요."

'더는 게임을 하지 말아야겠다.'는 답을 기대했던 연구진들의 추측과는 사뭇 다른 답이었습니다. 이와 같이 게임에 빠지거나, 일종의 중독에 빠진 사람들은 사람이 죽는 영상을 보아도, 게임을 안 하겠다는 이야기를 선뜻 못 합니다. 이러한 상황에서 통제를 통해서 게임하는 시간만 줄이려고 하면 게임 중독 학생들을 치유하기 어렵습니다. 통제가 사라지는 순간, 아이들은 다시 게임을 시작하기 때문입니다. 게임을 다시 시작하면, 이전보다 더욱 강하게 게임을 열망하게 됩니다. 이를 피하려면 인간의 기본심리욕구, 자율성을 통하여 근본적으로 문제를 해결해야 합니다.

자율성은 상대에게도 나에게도 중요합니다. 상대는 자율성을 확보해서 행복하고, 나는 남의 일에 시시콜콜 간섭하고 통제하며 기운을 빼지 않아서 좋습니다. 상대방을 억지로 통제하려는 시도는 역효과가 날 뿐입니다. 만약 효과가 있다고 해도, 그때만 잠깐입니다. 특히 사람들은 자신을 통제하려는 상대방을 의식적·무의식적으로 피하게 됩니다. 그래서 다른 사람의 자율성을 지나치게 침해하면 외로운 사람이 됩니다.

동기이론을 이해하면 자신과 주변 사람들도 잘 이해할 수 있습니다. 상대가 어떤 심리욕구를 가지고 나와 일을 대하는지 알 수 있습니다. 이를테면 상대방에게 자율성을 주고, 스스로 결정하도록 하면 일의 전체 수행 과정이 효과적으로 이루어집니다. 스스로 자신의 길을 헤쳐나가는 상대의 모습을 보면서 우리는 긍정적 감정을 갖게 됩니다. 상대와 나 사이에도 자연스럽게 긍정적 정서가 차오릅니다. 이러한 과정에서 부정적인 '잔소리', '과도한 개입' 등은 들어설 여지가 없습니다. 그래도 여전히 사람들은 자율성을 부여하기에 앞서 걱정이 많습니다. 자율성을 주었다가 직원들이 일을 게을리하면 어쩌나, 아이들이 게임만 하면 어쩌나, 여러 가지 걱정이 이어집니다. 그러나 이는 자율성 '부여'와 '방임'을 혼동한 탓입니다. 자율성을 부여한다는 것은 무엇이든 마음대로 하도록 내버려두는 것이 아닙니다.

제가 꼽는 자기결정성 이론의 큰 강점은 과학적 연구들을 기반으로, 사람들의 '자유도를 높일 수 있는 체계적인 방법'을 알려주는 것입니다. 자기결정성 이론은 자율적으로 자신의 일을 행복하게 해나가기 위해서는 구체적으로 어떠한 '환경'이 확보되어야 하는지 명확하게 다루고 있습니다. 자기결정성 이론에서 강조하는 바람직한 환경은 '구조화된 자율성 지지적 환경 structured autonomy supportive environment'입니다. 우리가 조직의 리더로서, 구성원들에게 해주어야 할 일은 구조화된 자율성 지지적 환경을 확보하여 자율성을 향상시켜주는 일입니다. 사람들은 자율성을 확보하면 타고난 '자아실현성향self-actualization tendency'을 발휘해 자기주도적으로 과업을 잘 수행합니다.

긍정심리학파의 시작을 주도해온 전 미국심리학회American

Psychology Association, APA 회장이자 펜실베니아대학교 교수인 마틴 셀리그만Martin Seligman도 자율성의 보장을 행복을 위한 가장 중요한 조건으로 제시합니다.[3] 셀리그만은 행복인자를 가지고 태어난 사람들도, 자율성이 보장되지 않는 전체주의 국가에서 태어난다면 행복하기 어렵다고 말합니다. 자율성을 확보하는 것은 동기유발이나 행복을 위해서 매우 중요한 핵심 조건입니다.

한 번뿐인 우리의 삶, 어떤 사람들은 타고난 자율성을 깊이 지각하며, 자신의 삶의 진정한 주인으로 당당하게 살아갑니다. 이들은 자신의 안에 있는 가능성들을 후회 없이 힘껏 발휘합니다. 반면 어떤 사람은 늘 남에게 의존하거나 통제받으며 살아갑니다. 많은 사람이 다른 사람들의 통제 속에서 자신이 진정 원하는 것이 무엇인지 잘 모르는 채, 허둥지둥 살아가느라 진정한 나 자신으로서 살아가지 못합니다.

나는 금수저가 아니라서 현실의 통제를 받을 수밖에 없다고 생각하는 사람이 혹시 있다면 큰 오해입니다. 금수저이기 때문에 현실의 통제를 받을 수밖에 없다고 생각하는 사람 역시 잘못 생각하는 것입니다. 실제로 보다 자율적 환경이거나 통제적인 환경이 존재하는 것은 사실입니다. 하지만 전체주의 국가나 폭력적인 가정에서 태어났다든지 하는 등의 극단적인 경우가 아니라면, 통제를 당하는 것은 다분히 나의 '선택'의 문제입니다. 내가 통제받는다고 '지각perception'하지 않으면, 사실 그 누구도 나를 완벽하게 통제할 수 없습니다. 다시 말해서 내가 통제를 허락하지 않으면, 아무도 나를 통제할 수 없습니다.

시카고대학교 심리학과 교수이면서 몰입 이론의 대가이자, 마틴 셀리그만과 함께 긍정심리학파를 이끌고 있는 미하이 칙센트미하이가 저서에서 소개하는 사례에서도 자율성에 대한 인간의 의지를 확인할 수 있습니다. 칙센트미하이 교수는 베트남 참전 조종사의 경험담을 들은 일이 있었습니다.[4] 그 조종사는 북베트남의 정글에 있는 강제수용소에 감금되어서 심한 고초를 겪고, 몸무게가 36kg이나 줄어들었습니다. 그가 운 좋게 강제수용소에서 석방되었을 때, 그는 몸 상태가 매우 안 좋았습니다. 그러나 그는 동료 장교들에게 골프를 치러 가자고 부탁했습니다. 그런데 막상 골프 경기가 시작되었을 때에 동료들이 모두 깜짝 놀랐습니다. 그가 너무나 멋진 골프 라운딩을 주도하고 있었던 것입니다.

"나는 감옥에 있을 때 매일 머릿속으로 18홀 골프를 치는 상상을 했어. 나는 우선 골프 클럽을 고르지. 그리고 1번 타석에 들어가서 드라이브를 치고, 7번 아이언을 꺼내 들어. 어프로치 샷도 정성껏 하고 퍼터로 공을 홀에 넣지. 나는 매일 코스에 변화를 주는 '상상'까지 하면서 매일 18홀을 돌며 골프 게임을 했어." 이러한 상상, 즉 강제수용소의 담벼락 안에 갇혀 있지만, 정신만은 자유롭게 하고 싶은 것을 하는 그 마음이 그가 제대로 살아남을 수 있게 도왔던 것입니다.

칙센트미하이 교수의 예시는 계속됩니다. '러시아의 양심'
이라 불리우는 알렉산더 솔제니친은 철조망 속 레포토보 감옥에
있을 때도 자신은 자유였다고 회고합니다. 알렉산더 솔제니친
은 러시아의 소설가이자 역사가로 제2차 세계대전에 소련군 장
교로 참전했으나, 스탈린을 비판하는 편지로 체포되어 강제수용
소에서 8년간 복역했습니다. 이 경험을 토대로 그는 《이반 데니
소비치의 하루》, 《수용소 군도》 등의 작품을 남겼습니다. 솔제니
친은 1970년 노벨 문학상을 수상했으나 결국 소련으로부터 추
방당해서 미국에서 한동안 살았습니다. 솔제니친은 다음과 같이
감옥 생활을 기억합니다.

"총을 든 교도관들이 윽박지르는 속에서도, 내 머릿속에는
시와 이미지가 물밀 듯 떠오르고 있었어요. 그 순간에 나는 자유
였고, 매우 행복한 사람이었어요. 나를 포함한 모든 죄수는 가시
철조망 속 감옥 안에 있었지만, 나는 그 감옥 안에 나를 두지 않
았어요. 사실 나는 감옥으로부터 매우 먼 곳을 비행하고 있었어
요."[5]

하지만 현실에서 많은 사람이 일이 잘 되지 않으면 곧바로
더욱 강한 통제적 관리 모드를 채택합니다. 즉, 많은 경우에 성과
가 낮아지면 '가만 보자. 내가 너무 구성원들의 자율에 맡겼더니
일이 제대로 안 된 것 아닐까? 보다 철저하게 관리하고 통제했으

면 일이 잘 풀렸을 것 같은데?'라고 종종 생각합니다. 하지만 하나의 성과에는 복합적인 요인이 관여하기 때문에 일이 잘 안 되었을 때 섣불리 자율성을 부여한 것이 실패의 원인이라고 생각하는 것은 오류입니다. 실제로 많은 연구들이 자율성을 부여하는 것이 일의 성과와 사람들의 행복을 모두 향상시켜준다고 강조하고 있습니다.[6] 자기결정성 이론에서 제시하는 '구조화된 자율성 지지적 환경' 속에서 사람들은 '통제적인 환경'에서 보다 자신의 능력을 훨씬 더 잘 발휘합니다. 효과적으로 자율성을 부여했는데 잘 풀리지 않는 일은, 철저하게 통제한다고 해도 결국 안 될 일입니다. 이 책에서는 자율성 확보를 위한 실질적인 방법, 구조화된 자율성 지지적 환경의 구축 등에 대해서 구체적으로 다룰 것입니다.

내 삶은 내가 결정할 때 비로소 행복해진다

자율성을 지각하는 것이 얼마나 중요한지 살펴볼까요? 아기에게 처음 이유식을 먹일 때에 전문가들은 어른이 아기의 입 속으로 음식을 들이밀지 말라고 권합니다. 아기의 입으로부터 약 2cm 앞에서 이유식을 얹은 숟가락을 멈추고 아기가 숟가락으로 다가오도록 기다리기를 권합니다. 이러한 팁은 자기결정성 이론의 측면에서 보더라도 매우 유용합니다. 아기가 스스로 음식을 먹기로 '선택'하고 숟가락에 입을 갖다 댈 기회를 주는 것입니다. 기다려도 아기가 오지 않으면, 더는 억지로 먹이지 않습니다. 그러면 그다음에는 아기가 알아서 잘 먹습니다. 아주 어렸을 때부터 먹는 일에 대해서 스스로 선택할 수 있도록 기회를 주는 것입니다. 아기가 좀 더 자라면, 식판 위에 음식을 놓아주고 스스로 손가락을 이용해서 집어 먹도록 해줍니다. 먹여주지 않습니다. 절반은 먹고, 절반은 바닥에 흘려도 상관없습니다. 바닥은 나중에 닦으면 됩니다. 중요한 것은 스스로 음식을 먹는 것을 습관들이는 것입니다. 스스로 무언가 해내기, 내가 먹을 양과 순서를 내가 정하기, 아기일 때부터 그것을 경험하는 것이 중요합니다.

이렇게 자라난 아이들은 스스로 알아서 식사를 잘 챙깁니다. 하지만 아기일 때, 입 안으로 숟가락을 넣어 밥을 먹이다가, 그 관성대로 엄마가 밥을 먹여주는 아이들이 더러 있습니다. 10세가 넘어도 엄마가 밥을 먹여주는 경우도 있습니다. 이러한 경우 심리적으로 가장 큰 문제는 아이가 '자신이 엄마를 위해서 밥을 먹어주는 것'으로 오해하는 것입니다. 식사가 엄마를 위해서 엄마가 떠먹여주는 밥을 먹어주는 것이 됩니다.

'밥을 먹어주는 것'으로 시작한 작은 오해, 즉 자신이 엄마를 위해서 밥을 먹어준다는 오해는 아이들이 커가면서, 점차로 아이들의 삶 전체에 영향을 주게 됩니다. 엄마를 위해서 밥을 먹어주는 아이는 공부도 '엄마를 위해서 해주는 것'이고, 대학도 '엄마를 위해서 가주는 것'이 됩니다. 더 나아가 나중에 직장을 다닐 때도 직장이나 직장 상사를 위하여 '일을 해주는 것'으로 생각합니다. 이렇게 주변의 요구나 기대에 맞추어서 '살아주다' 보면, 자신으로서 충만한 삶이 아니라, 공허한 삶이 됩니다. 공허함이 쌓이다 보면 어느 순간 '나는 그동안 인생을 헛살았다.'고 크게 후회하며 무너지는 순간이 오기도 합니다. 그러나 그때는 이미 소중한 시간이 너무 많이 흘러버렸습니다.

위대한 일들은 작은 일로부터 시작합니다. 어렸을 때부터 아이들에게 네 식사는 네가 건강하게 살기 위해서 너 자신이 '선택'해서 먹는 것이고, 네 공부는 네 앞날을 위해서 스스로 '선택'해서 하는 것임을 분명하게 깨닫도록 도와줘야 합니다. 이와 같이 어려서부터 나의 삶이 나의 것임을 깨달아야, 성장해서도 '나 자신으로서' 살아갈 수 있습니다. 부모와 선생님은 단지 옆에서 지원할 뿐입니다.

엄마인 내가 너를 마음 깊이 사랑하지만, 나는 절대 네가 될 수 없고, 너의 인생의 결정을 결코 대신할 수 없음을 아이에게 분명하게 알려주어야 합니다. 네 삶은 네 것임을 강조해주어야 합니다. 그러지 않으면, 아이들이 자칫 '엄마를 위해서' 살아준다고 착각하게 됩니다. 우리 아이들이 부모의 기대, 직장 상사의 기대에 맞추어서 눈치를 보며 살지 않고, 자신으로서 살아가며 스스로의 가능성을 충분히 발휘하는 사람으로 성장할 수 있도록 도울 일입니다.

자율성과 관련해서 제 아들의 이야기를 들려드릴까요? 제 아이가 5세 때 일주일에 한 번, 그림을 그리기 위해서 선생님을 만났습니다. 제 아들은 일주일에 하루, 그림 그리는 날을 매우 좋아하며 고대했습니다. 그런데 하루는 영 고단했던지, 도통 그림을 그리려고 하지 않았습니다.

"M은 오늘 그림 그리기 싫어요? 여기 봐요. 재미있겠지요? 파란 크레파스 줄까요?"

미술 선생님이 계속해서 제 아들에게 그림 그리기를 상냥하게 권해도, 아이는 대답이 없었습니다. 선생님이 자꾸 그림 그리기를 권하자, 아이는 아예 책상에 머리를 파묻고 엎드려서 일어나려고 하지 않았습니다. 처음 있는 일이었습니다. 지켜보고 있던 제가 선생님에게 다가가서 작은 목소리로 말씀드렸습니다.

"선생님, M은 오늘 그림을 안 그려도 될 것 같아요. 원하는 대로 엎드려 있게 그냥 두실까요? 이렇게 억지로 권하신다고 그림을 그리지는 않을 것 같아요. 그리고 만약 M이 선생님이 권해서 억지로 그림을 그린다면, 그것은 별 의미가 없을 것 같아요."

결국 제 아들은 엎드린 채로 있고 다른 아이들은 그림을 그리기 시작했어요. 10여 분이 지나니까, 아이가 스스로 고개를 들고 일어나서 다른 친구들이 그림 그리는 모습을 보기 시작했어요. 그리고 또 조금 있으니, 크레파스를 들고 그림을 그리기 시작했습니다. 기다림 끝에는 기쁜 결과가 있기 마련입니다. 우리가 아이들을 기다려주면, 아이들은 타고난 '자아실현성향'을 스스로 발현하게 됩니다. 그리고 이 메커니즘은 아이들뿐 아니라 성인들에게도, 학교뿐 아니라 다른 조직들에서도 같은 방식으로 작동합니다.

자율성과 자아실현성향에 대한 제 딸아이의 이야기를 해볼까요? 제 아이들은 초등학교 입학할 즈음에 영어를 배우기 시작했습니다. 영어 유치원을 다니는 아이들이 평균 3~5세에 영어를 배우기 시작하는 것에 비하면 상당히 늦은 편이었습니다. 제 딸이 알파벳 D를 익히고 있을 때, 딸아이의 사촌 언니가 놀러 왔습니다. 딸보다 한 살 위인 사촌 언니는 책을 좋아하고 유난히 영어를 잘했습니다. 그날따라 사촌 언니는 그림이 거의 없는 두툼한 영어책을 가지고 와서, 아이들과 노는 틈틈이 재미있게 읽었습니다. 사촌 언니가 집으로 가고 나니, 딸아이가 혼자 거실에 앉아서 알파벳 D를 영어 노트에 적고 있었습니다. 그러다가 근심스러운 표정으로 저를 바라보며, 중얼거리듯 말했습니다.

"아, 이렇게 배워서 어느 세월에 영어책을 읽겠어요?"

이 이야기를 들으면서 귀엽기도 하고, 기특하기도 했습니다. 사촌 언니를 보니, 스스로 영어 실력이 걱정되어서 혼자 앉아서 알파벳 D를 적고 있었던 것이지요. 그리고 한편으로는 도대체 나는 언제 사촌 언니처럼 책을 읽어볼 수 있을까 하는 생각을 했던 것입니다. 때가 되니 아이가 스스로 자신의 영어 공부 진도를 챙기는 것이지요. 우리들의 타고난 자율성과 자아실현성향을 다시 한 번 깨닫는 순간이었습니다. 일찍이 인본주의 상담심리학자인 칼 로저스Carl Rogers가 제시한 자아실현성향은 이렇듯 마음속 깊이 존재하고 있다가 때가 되면 나타납니다.

이렇듯 우리는 태어날 때부터 스스로 알아서 하려는 존재로 태어났습니다. 만약 미술 선생님이 계속해서 제 아들에게 그림 그리기를 권했다면 아마도 제 아들은 그날 끝까지 그림을 그리지 않았을 거예요. 만약 그림을 그렸더라도 아마 대충 그렸을 것입니다. 그리고 아이가 그림을 그리기 싫은 날, 억지로 권해서 그림을 그리는 일이 지속적으로 반복되었다면 그림 그리기를 싫어하게 되었을 수도 있어요. 그림 그리기를 싫어하는 것에서 더 나아가 다른 활동들도 하기 싫어하는 것으로 쉽게 번져갑니다. 하지만 우리가 아이를 그냥 두고 기다려주니, 아이는 스스로 선택해서 고개를 들고 일어나 앉았습니다. 그리고 그날 제 아들은 매우 열심히 그림을 그렸습니다. 자신이 하기로 선택한 과업이니까요.

제 딸도 우연히 사촌 언니의 두툼한 영어책을 본 이후로, 나름 열심히 알파벳을 한 자씩 익혀나갔습니다. 어린아이들에게도 자신이 선택한 것, 자율성을 발휘한 일의 의미는 다릅니다. 어렸을 때 자율성을 경험한 아이들은 자라나면서 쭉 그 방식대로 살아갑니다.

이처럼 자신이 선택한 일을 해나갈 때 우리는 자신이 삶의 주인임을 지각하고 그 일에 깊은 애착을 갖게 됩니다. 자율성을 부여하면 사람들은 긍정적인 방향으로 행동하고, 고차원적으로 사고하며, 시키지 않은 일까지도 자발적으로 합니다. 시간을 주고 기다려주면 사람들은 자아실현성향을 발휘합니다. 그것이 우리의 진정한 원래 모습입니다.

구글의 자유로운 작업환경이 구글을 어떠한 위치로 올려놓는지, 온 세계가 그들의 성과를 목격했습니다. 또한 별다른 통제 없이 자유롭게 지식 데이터를 작성하는 웹사이트인 위키피디아의 엄청난 성공을 우리 모두 경험하고 있습니다. 통제를 통한 성과 창출은 내공이 부족한 리더들이 하는 일입니다.

내공이 깊은 고수들은 구성원들에게 영민하게 자율성을 부여합니다. 자율성을 확보한 조직이 얼마나 훌륭하게 목표를 성취해내는지 잘 알기 때문입니다. 리더가 충분한 역량과 자신감을 갖추고 있어야 조직 내에 자율성을 허락할 수 있습니다. 역량과 자신감이 낮은 리더들은 주로 통제에 의존합니다. 하지만 강제로 통제하고 감시하면 사람들은 갖은 수단을 동원해서 그 통제에서 벗어나려고 합니다. 특히 창의성을 발휘하는 훌륭한 인재들은 자율성을 부여하지 않는 통제적인 조직에 결코 오래 머물지 않습니다. 그러므로 진짜 최고들과 일하고 싶으면 자율성을 확보해주어야 합니다. 이 책을 통해서, 나 자신과 상대방에게 자율성을 높이는 방법들을 실질적으로 탐색할 것입니다.

이와 같은 자기결정성 이론의 핵심을 잘 담은 시 한 편을 소개합니다.

당신의 아이들은

당신의 아이들은 당신의 소유가 아닙니다.

그들은 당신을 거쳐 태어났지만 당신으로부터 온 것은 아닙니다.

당신과 함께 있지만 당신에게 속해 있는 것은 아닙니다.

당신은 아이들에게 육체의 집을 줄 수는 있어도 영혼의 집을 줄 수는 없습니다.

그들의 영혼은 내일의 집에 살고 있고 당신은 그 집을 결코, 꿈속에서도 찾아가면 안 되기 때문입니다.

당신이 아이들처럼 되려고 노력하는 것은 좋지만 아이들을 당신처럼 만들려고 하지는 마십시오.

삶이란 뒷걸음쳐 가는 법이 없으며, 어제에 머물러 있는 것도 아니기 때문입니다.

칼릴 지브란 지음, 김준봉 역,《닻을 올리기 전에》

"행복을 위해 일은 적당히 할래요!"의 치명적 오류

저는 아버지를 존경하지만, 아버지처럼 살지는 않을 거예요. 아버지는 1년에 며칠 휴가 이외에는 일만 하셨어요. 저는 가족과의 소소한 행복을 누리며 살고 싶지, 아버지처럼 일을 많이 하면서 살고 싶지 않아요. 저는 직장에서 쫓겨나지 않을 정도로만 적당히 일하고 가족들과 행복하게, 취미를 누리며 살고 싶어요.

교수님, 제가 정말 좋아하는 일은 직업으로 삼기 어려울 것 같아요. 수입이 높지 않을 듯하고, 사회적으로 높이 인정받는 일도 아니에요. 그래서 제가 정말로 좋아하는 일은 취미로 하고, 직장은 부모님의 기대에 맞추어서 비전 좋은 직장을 구하려고 해요. 아마도 제가 취미 생활을 하는 그 시간이 정말로 제가 살아 있는 시간이 될 거예요.

학기 초, 자기소개 스피치에서 대략 두어 명의 학생들이 다음과 같은 내용으로 자기소개를 합니다. 비록 지금은 여자친구도 없지만, 장차 언젠가 생길 배우자와 아이들을 위하여 자신의 일도 포기하겠다는 갸륵한 마음은 높이 삽니다. 그러나 일과 행복이 제로섬 관계라는 학생들의 전제는 결정적인 오류를 안고 있습니다. 즉, 이와 같은 생각은 "일을 많이 할수록 나의 행복도는 낮아질 것이다. 그래서 일은 최소한으로 줄여야 한다. 나의 진정한 행복은 가족들과의 시간, 취미 생활을 통해서 확보해야 한다."는 논리입니다. 하지만 이는 전적으로 잘못된 생각입니다.

물론 학생들의 의견도 부분적으로 일리가 있습니다. 압축성장 시대를 거쳐온 우리 아버지 세대는 가족과 국가를 위해서 일만 하시며 개인적인 시간과 휴가는 담보 잡혔습니다. 제가 기억하는 한, 제 아버지도 30년 가까이 1년에 3박 4일의 여름휴가가 가족들과 보내는 휴식 시간의 전부였습니다. 부모님 세대의 헌신적인 노력 덕분에 오늘날 우리가 누리는 것들이 가능한 것이지만, 부모님 세대처럼 일 위주로 살고 싶지 않다는 학생들의 생각도 설득력이 있습니다.

하지만 제 학생들은 가족과의 소소한 행복을 말하면서 무언가를 크게 놓치고 있습니다. 학생들은 '내 마음이 끌리는 대로 살아야 행복하다.'라는 생각에 젖어서 일은 행복에 방해되므로 적당히 하겠다고 선택합니다. 자신의 진정한 행복은 일이 아닌 다른 곳에서 찾겠다는 것입니다. 이는 행복에 대한 치명적인 오해입니다.

자기결정성 연구에 따르면 일은 행복을 방해하는 것이 전혀 아닙니다. 오히려 행복감을 높여주는 결정적인 요인입니다. 주어진 주요 과업을 잘 해낼 수 있다는 믿음은 행복의 핵심 원천입니다. 일은 우리에게 수준 높은 행복감을 가져다줍니다. 제가 연구의 데이터와 사례들을 제시하며, 학생들이 가지고 있는 행복에 대한 오류를 차분히 바로잡아주면, 학생들 대부분은 일과 행복에 대하여 빠르고 명확하게 이해하기 시작합니다.

일과 행복에 대해서 제대로 이해하는 것은 우리를 더욱 행복하게 해줍니다. 일을 하면서 '이 일이 나의 행복을 갉아먹고 있다.'고 생각하면 자기연민에 빠지기 쉽습니다. 그러면 당연히 일의 효율도 오르지 않습니다. 이러한 상황은 결코 행복에 도움이 되지 않습니다.

그런데 '일이 도리어 나의 행복을 증진시키는 핵심 요인'이라는 사실을 정확하게 이해하면, 일하는 시간이 더욱 보람되고 즐거워집니다. 게다가 일터에서 보내는 시간에 비해서 우리의 휴가는 매우 짧습니다. 일은 영원처럼 길고, 휴가는 순간입니다. 순간의 휴가를 위해서 1년 내내 일한다고 한다면 우리의 삶이 너무 초라해집니다. 일터에서의 긴 시간, 그 시간들이 쌓여서 곧 우리의 삶이 됩니다. 길고도 긴 일터의 시간들을 행복하게 보낼 수 있다면 우리의 삶도 그만큼 행복해지는 것이지요.

일은 일로서 우리에게 행복을 줍니다. 그리고 일이 있어서 휴가도 더욱 즐거운 것입니다. 일은 우리를 행복하게 해주고, 우리의 삶을 자신감으로 채워줍니다. 그리고 행복해진 우리는 더욱 일을 잘 해내게 됩니다. 일은 우리를 불행하게 하지 않습니다. 일은 우리들의 소소한 행복을 더욱 풍부하게 해주는 행복의 원천입니다.

소소한 행복이 모여서 커다란 행복감으로
작은 성공들이 합해져서 강력한 유능감으로!

아침 해 뜨기 전의 푸르스름한 새벽의 기운, 고요한 아침 산책, 새로 내린 커피의 신선한 향, 가까운 사람들과 친밀한 대화가 가득한 식사, 부슬부슬 비 오는 날 따뜻한 차를 마시며 읽는 책, 문득 눈을 들어 창밖을 볼 때 느껴지는 여린 나뭇잎의 연녹색 그림자, 황금빛 햇살이 눈부신 해운대 맨발로 뛰기, 신의 존재를 깨닫게 해주는 저녁노을, 아이들이 내게 달려와 이야기할 때 눈 맞추며 귀 기울여주기, 깜깜한 밤으로 넘어가기 직전, 순간적으로 너무나 아름다운 푸르스름함으로 가득 찬 세상 조용히 바라보기….

제가 누리는 소소한 행복의 목록들입니다. 앞서 제 학생들이 원했던 소소한 행복도 매우 중요합니다. 저도 소소한 행복을 매우 중요하게 여기고, 실제 생활에서 소소한 행복을 쌓아가려고 많이 노력하는 편입니다. 행복이론에서도 행복은 거창한 것에서 오는 것이 아니라, 작은 일들로 쌓여서 이루어지는 것이라고 강조합니다. 소소한 작은 행복들이 합쳐져서 큰 행복이 되는 것입니다. 엄청난 사건이 뻥 터져야 행복해지는 것이 아닙니다.[7] 다만, 저는 소소한 행복을 위해서 '나의 일이 주는 유능감과 성취감'이라는 엄청난 행복의 원천을 포기해야 하는 것은 아님을 강조하는 것입니다.

이와 같은 소소한 행복과 관련해서 전혜린의 산문 〈긴 방황〉의 한 구절을 소개합니다.

> 지금 나는 아주 작은 것으로 만족한다. 한 권의 책이 맘에 들 때(지금은 그것이 벤의 서간집이다), 또 내 맘에 드는 음악이 들려올 때, 또 마당에 핀 늦장미의 다양하면서 엷은 색깔과 향기에 매혹될 때, 또 비가 조금씩 오는 거리를 혼자 걸었을 때 나는 완전히 행복하다. 맛있는 음식, 진한 커피, 향기로운 포도주. (…) 햇빛이 금빛으로 사치스럽게 그러나 숭고하게 쏟아지는 길을 걷는다는 일, 살고 있다는 사실 그것만으로도 나는 행복하다.

소소한 행복이 모이면 그 합은 강력한 힘을 갖습니다. 삶 속에서 진정한 행복을 지속적으로 누리기 위해서는 이 소소한 행복을 잡을 수 있어야 합니다. 그리고 소소한 행복과 과업의 관계는 제로섬이 아닙니다. 일을 대충 때우는 사람에게 행복은 오지 않습니다. 이러한 사람들은 직장에서 일할 때 회피적으로 일하게 되고, 이러한 태도는 동료들이나 상사들과의 갈등을 가져옵니다. 크고 작은 불협화음 속에서 회피형 사람들의 행복감은 나날이 낮아집니다. 성취감과 자신감도 낮을 수밖에 없습니다.

유능감은 지금 자신이 최적으로 수행할 수 있는 것보다 약간 더 높은 수준의 과제를 수행하고, 긍정적인 피드백을 받을 때 만족됩니다. 우리는 유능감의 욕구가 만족되어야 내재적 동기가 향상되고, 내재적 동기가 향상되어야 행복감을 느끼는 존재입니다.[8] 대충 설렁설렁 일하는 사람은 유능감의 욕구를 채우기 어렵습니다. 행복해지기 위해서라도 직장에서 일을 잘 해내, 유능감을 지각할 필요가 있습니다. 일을 제대로 하지 않아 발생한 부정적 정서는 가정의 분위기도 부정적으로 몰아갑니다. 사람의 감정은 전염력이 매우 강하기 때문입니다. 일과 행복을 분리해 가족과의 소소한 행복을 지키려고 한 행동이 역으로 가정의 행복을 방해합니다.

여기에서 강조할 점은 대단한 성공을 거두어야 유능감이 충족되는 것이 아니라는 점입니다. 1등하는 사람, 앞서가는 사람, 사회적으로 대단한 성공을 거둔 사람들에게만 유능감이 생기는 것이 아닙니다. 소소한 행복들을 자주 느끼는 것이 큰 행복감의 원동력이듯이, 강력한 유능감도 내가 정한 나의 작은 목표들을 달성한 작은 성공들로부터 시작됩니다. 이를테면 결심한 시간에 일어나기, 침구 정리하기, 스스로 정한 아침 운동하기, 오늘의 독서하기 등 작다면 작은 일들을 해내고, 이들이 쌓일 때 나의 소중한 유능감이 향상됩니다. 우리의 일상이 우리의 소소한 행복이 되고, 우리의 작은 성공들이 모여서 강력한 성취가 됩니다. 그렇게 하루하루 행복하게 우리는 자신의 꿈을 이루어갈 수 있습니다.

나 자신이 잘 해낼 수 있다는 믿음이면 충분하다

사람은 누구나 날 때부터 유능성의 욕구를 가지고 태어납니다. 자기결정성 이론의 유능성 욕구는 자신을 둘러싼 환경과 효능적으로 상호작용할 수 있다는 믿음, 주어진 주요 과업을 효과적으로 통제하고 성공적으로 잘 해낼 수 있는 능력에 대한 욕구를 의미합니다. 누구나 자신이 능력 있는 사람이기를, 자기 능력을 향상시키기를 간절히 바랍니다.

유능성 욕구는 과업을 자기 능력에 비추어서 최적의 도전 optimal challenge을 찾게 하고, 기술과 역량을 향상시키기 위한 노력으로 이끕니다. 사람들은 자신이 잘 해낼 수 있다는 믿음을 가지면, 실제로 자신감 있게 일을 잘 해나갑니다. 반면에 이와 같은 유능성 욕구가 충족되지 않으면, 실패에 대한 두려움과 불안이 생깁니다.

똑같은 능력치를 갖고 있어도 자신이 잘 해낼 수 있다고 믿는 사람, 유능성이 있는 사람은 일을 잘 해나갈 수 있습니다. 반면에 실패에 대한 두려움이 지나치게 크면, 일의 성과는 낮아집니다. 나 자신이 잘 해낼 수 있다는 믿음이 중요합니다.

이 책에서는 유능성을 지각할 때의 효과, 유능성을 향상하는 방법, 일을 놀이 삼아 일을 좋아하는 방법 등에 대해서 구체적으로 살펴볼 것입니다. 거듭 강조하지만, 이 모든 일은 자신이 그렇게 하기로 선택해야 가능합니다. 어떤 이론을 알려주어도, 아무리 구체적 전략을 안내해도, 마음을 열고 귀 기울이지 않으면 보이지 않고 들리지 않습니다. 이제부터 어떻게 유능감을 갖기로 선택하고, 어떻게 유능감을 향상시킬 것인지에 대한 깊이 있고, 구체적인 전략들을 장을 달리하여 다룰 것입니다.

나는 나의 기대보다도 더 발전 가능한 사람이다

교육대학원에서 학습동기 수업을 듣고 백양로를 걸어 내려가는데 갑자기 눈물이 났어요. 대학원에 와서 이런 것을 배울 수 있다는 것에 감사했어요.

'학습동기' 수업을 종강하면서 '동기에 대한 대토론과 질의 응답'을 할 때였습니다. 한 학생이 조용히 손을 들고 제게 위와 같은 말을 했습니다.

 그 학생은 30대 후반에 직장에 다니면서 교육대학원을 다니는 학생이었습니다. 직장에서 억울한 일이 있어서 마음이 많이 힘들었다고 합니다. 게다가 교육대학원에 다니면서 자기 자신이 과연 공부에 자질이 있는지도 심각하게 고민했다고 합니다. 이전 학기에 교수님 한 분이 그 학생의 보고서를 보고 날카롭게 비판했는데, 그 이후로 '혹시 나는 공부를 하기에는 너무 부족한 것이 아닐까? 대학원 그만 다녀야 하나?'라는 생각이 자꾸 들었다고 해요. 하지만 다른 한편으로, 대학원을 꼭 마치고 싶어 마음의 갈등이 컸습니다.

 그런데 학습동기 수업에서 "나는 모든 사람에게 사랑받고 인정받아야 한다. 그래야 가치가 있다."라는 말이 우리가 갖는 대표적인 비합리적 신념임을 배우는 순간, 자신의 꽉 막혀 있던 마음이 뻥 뚫리는 듯한 느낌이 들었다고 해요. '아, 나는 직장에서나, 교육대학원에서나 모두에게 인정받으려고 너무 애쓰고 살았구나. 그런데 그것이 이루어질 수 없는 비합리적 신념irrational belief이었구나. 내가 너무 애쓰면서 살지는 않아도 되겠다.'는 생각이 들면서 눈물이 났다고 해요.

 같은 날 제가 '뇌가소성neuroplasticity'을 강의하면서, 스탠퍼드대학의 캐롤 드웩Carol Dweck 교수가 제시한 성장 마인드셋 growth mindset도 강조했습니다. 우리는 얼마든지 '성장 가능한 존재들'이므로, 자신의 발전 가능성을 믿고 앞으로 나아가자고 제시했습니다. 즉, 인간의 역량은 고정된 것이 아니고 변화 가능한 진행형이라고 이야기했습니다. 그러니까 자신을 '우등생 그룹'이나 '낙오자 그룹', 그 어느 것에도 묶어두지 말라고 알려주었습니다. 더 나아가 자신이 얼마나 성장할 수 있을지는 심지어 자신도 모른다고 했습니다. 우리는 '나 자신도 깜짝 놀랄 만큼 발전할 수 있는 존재'라고 강조했습니다. 바로 그 순간 제 학생은 아직은 포기하기 이르다는 것을 확실히 깨달았습니다.

실제로 우리가 얼마나 발전할 수 있는지는 우리 자신도 미처 다 모릅니다. 그런데 도대체 다른 사람들이 우리가 얼마나 성장할 수 있을지를 제대로 예측할 수 있을까요? 심지어 뛰어난 CEO나 교사 혹은 부모라고 해도 우리는 함부로 다른 사람의 전반적인 능력에 대해서 평가할 수 없습니다.

예를 들어서 취리히대학교 학생 시절, 알버트 아인슈타인의 지도교수는 아인슈타인이 학자로서의 역량이 부족하다고 판단했습니다. 그래서 아인슈타인의 지도교수는 다른 제자들에게 물리학 방면으로 추천서를 써주었지만, 아인슈타인에게는 추천서를 써주지 않았습니다.

아인슈타인은 동기들 중에서 유일하게 보험회사에 취직했

다가, 그마저도 해고당했습니다. 이후 그는 가까스로 특허청에서 일하게 되었습니다. 1905년 상대성 이론을 발표할 때까지 그는 특허청 직원이었습니다. 이와 같은 상황은 아인슈타인에게 충분히 굴욕적이었을 것입니다. 그러나 그는 포기하지 않고, 이 좌절스러운 상황에서도 물리학 연구를 계속해서 결국 상대성 이론을 발표했습니다. 만약 아인슈타인이 지도교수의 평가, 즉 자신은 능력이 부족해서 물리학 방면에서 일하는 것이 가당치 않다는 평가에 지나치게 귀 기울였다면 오늘의 아인슈타인은 없고, 상대성 이론도 없었을 것입니다.

사람의 능력은 늘 변화 가능한 것입니다. 다만, 평가가 꼭 필요한 상황에서 그 시점에서의 역량을 측정하는 것뿐입니다. 그한 번의 평가가 곧 자신의 능력을 모두 평가하는 것으로 잘못 생각해서는 안 됩니다. 게다가 그 한 번의 평가가 고정된 것으로 앞으로 바꿀 수 없다고 생각해서는 더더욱 안 됩니다. 그것은 그냥 그 시점에서의 한정적인 평가일 뿐입니다.

아인슈타인의 취리히대학교 지도교수는 제자를 잘못 평가했습니다. 그는 제자의 잠재력을 전혀 알지 못했습니다. 다른 사람이 나를 평가하는 것은 참고용입니다. 다른 사람의 평가를 절대적으로 받아들이는 어리석음을 범하지 않도록 유의할 필요가 있습니다. 그리고 사람은 늘 발전 가능한 존재입니다. 심지어는 자신이 얼마나 더 발전할 수 있을지의 가능성은 나 자신도 미처

다 모릅니다. 그래서 인생이 흥미진진하고, 아름답습니다.

캐롤 드웩 교수와 잇따른 많은 연구가 제시하듯이, 자신을 '고정적'으로 특정 그룹에 묶어버리는 순간 우리의 성장은 정지합니다. '자신을 우등생 그룹에 포함시키면 긍정적이고 좋은 것 아닌가?'라고 생각할 수 있지만, 전혀 그렇지 않습니다. 우등생이건 낙오자 그룹이건 능력이 '고정적'이라고 생각하는 것 자체가 큰 문제입니다. 자신을 '우등생 그룹'이라고 생각하고 있다가, 일을 잘 못 하거나 시험을 잘 못 보는 순간 그 사람은 깊은 좌절에 빠지고 맙니다. 능력을 고정적인 것으로 생각하기 때문에 자신이 한 번 '뒤떨어지는 그룹'에 속하면, 그것이 영영 지속된다고 생각하기 때문입니다. 그래서 능력을 고정으로 생각하는 사람이 일을 잘 못 해내면 그야말로 큰일이 난 것입니다. 자신은 이제부터 낙오자, 패배자가 된 것입니다. 그런데 이것은 '고정된 것'이라서 자신은 영영 낙오자 그룹에서 빠져나올 수 없다고 믿습니다.

고정 마인드셋을 가진 사람이 일을 잘 못 해내면, 이전에 자신이 '우등생 그룹'에 들어갔었던 것이 '실수', 혹은 '자신이 뜻하지 않게 모두를 속였던 것'이라고 생각합니다. 특히 많은 한국 학생들은 이러한 상황이 오면 부모님께, 특히 어머니께 깊은 죄책감을 느낍니다. '나를 위해서 늘 애쓰시는 우리 엄마, 나에게 모든 것을 걸고 있는 엄마, 나를 똑똑이로 알고 계시는 불쌍한 우리 엄마, 엄마한테 미안해서 어쩌지? 할 수 없다. 이제부터 엄마를 위해서 내가 똑똑이인 척하면서 살아야겠어!'라고 생각합니다.

고정 마인드셋에 빠져서 똑똑이인 척하면서 살아가려면, 필연적으로 사람들은 '접근 전략approach strategy'이 아닌 '회피 전략avoidance strategy'을 사용하게 됩니다. 이를테면 성공을 위해서 도전하는 접근 전략 대신에, 실패를 두려워하며 실패가 가능한 상황을 도망다니는 회피 전략을 사용합니다. 축구로 치자면 공격형 축구가 아닌 수비형 축구를 하게 되는 것이지요. 회피 전략을 사용하는 학생들의 특징은 쉬운 문제만 골라서 풀려고 하는 것입니다. 자신이 낮은 점수를 받을 수 있는 고차원적인 문제들은 어떻게 해서든지 피해 다닙니다.

반면에 성장 마인드셋으로 접근 전략을 사용하는 사람들은 어려운 수학 문제에 도전합니다. 그들은 어려운 문제를 풀면서, 새로운 것을 알아가고 자신이 발전하는 데에 관심이 있습니다. 낮은 점수는 그다지 신경 쓰지 않습니다. 그 낮은 점수가 고정점이 아닌 것을 잘 알고 있기 때문입니다.

시간이 지날수록 고정 마인드셋으로 회피 전략을 사용하는 사람들은 자꾸 뒤처지게 되어 있습니다. 하지만 성장 마인드셋의 사람들은 도전을 통하여 지속적으로 발전합니다. '자신이 발전 가능함을 믿기로 선택'하고, 꾸준히 노력하면 우리는 분명히 발전합니다. 자신이 얼마나 발전할 수 있을지는 자기 자신도 모를 만큼, 우리의 가능성은 엄청납니다.

제 학생은 밝은 얼굴, 자신감 있는 태도로 학기를 마쳤습니다. 스스로를 믿으니 마음이 평안해졌고, 긍정적인 마인드로 사람들을 대하면서 회사 일도 잘 풀렸다고 했습니다. 자신의 성장 가능성을 믿으니 이제 더욱 열심히 할 수 있다고 했습니다. 제 학생은 이제 더욱 자신감 있고 힘차게 백양로를 걸을 수 있을 것입니다.

이것이 유능감이 주는 행복입니다. 다른 사람의 평가에 좌우되지 말고, 다른 사람의 인정에 매달리지 말고, 나 자신으로 살아가며 앞으로 뚜벅뚜벅 걸어가면 됩니다. 나의 노력을 통해서 얻는 소중한 유능감은 우리에게 커다란 행복감을 가져다줍니다. 이 점을 아는 것이 중요합니다.

이 책에서는 유능성을 지각할 때의 효과, 유능성을 향상하는 방법, 일을 놀이처럼 좋아하는 방법 등에 대해서 구체적으로 살펴볼 것입니다. 거듭 강조하지만 이 모든 일은 자신이 그렇게 하기로 선택해야 가능합니다. 어떤 이론을 알려주어도, 아무리 구체적 전략을 안내해도, 마음을 열고 귀를 기울이지 않으면 보이지 않고 들리지 않습니다. 유능감을 갖기로 선택하고, 어떻게 유능감을 향상시킬 것인지에 집중해볼까요?

만남의 깊이도
능력입니다

"모두에게 사랑받아야 내 삶은 가치가 있다." 상담심리학자 알버트 엘리스Albert Ellis가 말하는 인간의 비합리적 신념 중 대표적인 신념입니다. 그 누구도 모두의 사랑을 받지는 못합니다. 그런데 우리는 종종 모두의 사랑을 받으려는 비합리적 신념에 집착해서 자신을 힘들게 합니다.

관계성의 핵심은 주요한 타인 몇몇과 깊이 있는 만남을 갖는 것입니다. 이는 우리의 삶을 매우 행복하게 만들어줄 수 있습니다. 우리는 주요 타인에게 나의 진짜 모습을 투명하게 보여줄 수도 있고, 표면에서 겉돌기만 하는 피상적인 관계만을 맺을 수도 있습니다. 실제로 어떤 사람들은 평생 피상적인 관계만을 맺으며 살아갑니다. 심지어 이들은 부모나 배우자와도 깊은 수준의 관계를 맺지 못합니다. 이러한 피상적 관계는 한 달을 만났든 10년을 만났든, 주로 연예인 가십, 주변 사람 험담, 쇼핑 등의 얄

팍한 이야기만 나눌 뿐입니다.

얕은 관계에서는 자신이 진정으로 원하는 것, 마음 아픈 일, 두려워하는 일 등 삶의 본질에 가까운 이야기를 나눌 수 없습니다. 상대방을 진정으로 신뢰하지 못하기 때문에 여간해서는 마음의 문을 열지 않습니다. 잘 이해받지 못할 것 같기 때문입니다. 자칫 약점을 잡힐까 걱정되기 때문입니다. 이들은 함부로 마음을 나누고, 자기 이야기를 하는 것이 위험하다고 생각합니다. 진짜 모습을 숨기고 사는 것이 안전하다고 생각합니다. 이들은 외로운 틀 속에 자신을 스스로 가두고 살아갑니다.

반면 어떤 사람들은 높은 수준의 '만남의 역량'을 지니고, 좋아하는 사람들과 의미 있는 만남을 가지며 살아갑니다. 타인과 긍정적인 관계를 맺고, 삶의 본질을 나눕니다. 주요 타인들과 종종 소소한 이야기로 마음을 나누고, 함께 웃으며 음식을 나누고, 여행도 한 번씩 떠날 수 있는 인생은 축복입니다. 내가 원하는 사람들과의 의미 있는 만남이야말로 자신에게 줄 수 있는 가장 큰 선물입니다.

자신이 원하는 사람과 의미 있는 만남을 가질 수 있고
내가 사랑받기를 원하는 사람으로부터 사랑받는 것.

이것이 인간관계에서 이룰 수 있는 진정한 성공입니다. 많은 것을 가져도, 진정한 만남이 없다면 그 삶은 허무합니다. 관계의 깊이는 전적으로 각자의 선택이지만, 깊이 있는 만남은 분명 큰 행복을 선사합니다. 깊이 있는 만남을 한 번도 가져보지 못한 사람들은 자신이 무엇을 놓치고 사는지도 모르는 채 소중한 만남의 기회들을 잃어버린 채 살아갑니다.

그렇다면 어떤 사람들이 깊이 있는 관계를 맺고, 어떤 사람들이 피상적인 관계만 맺는 것일까요? 만남을 통해서 삶을 더 풍부하고 행복하게 만들 수 있다면, 어떻게 해야 깊이 있는 만남이 가능해질까요? 의미 있는 만남, 깊이 있는 관계를 맺을 수 있는 것도 능력입니다. 다행히 그 능력은 노력하기로 선택하면 향상될 수 있습니다. 이 책에서는 자기결정성 이론의 틀 안에서 관계성을 다루면서 깊이 있는 행복한 관계를 맺을 방법에 대해 생각해볼 것입니다.

우리의 삶은 관계로 시작해서 관계로 끝난다

삶은 관계로 정의될 수 있습니다. 우리가 맺는 관계의 총합이 곧 우리 자신이라고도 할 수 있습니다. 흔히들 '친구와 어울려 다니면 일의 성과는 낮아진다.'라고 생각합니다. 특히 사춘기 자녀를 가진 부모들은 "우리 아이가 원래는 열심히 공부하는 아이였는데, 중학교 와서 친구를 잘못 사귀어서 놀기만 하고…" 이런 이야기를 흔히 합니다. 하지만 친구를 사귄다고 공부를 안 하는 것은 아닙니다. 친구를 만나느라고 공부를 안 하는 것이 아니라 원래 공부가 하기 싫고, 공부도 잘 안 하던 참에 운 좋게 같이 놀 친구를 찾아낸 것뿐입니다.

진짜 관계, 건강한 관계는 일의 성과를 향상시켜주고 우리의 삶을 풍부하게 해줍니다. 친구와 만나서 노는 시간은 버리는 시간이 아닙니다. 그 시간은 아이의 삶에 생명의 에너지를 불어넣어주는 소중한 시간입니다. 친구들을 만나는 시간은, 잠재력을 더욱 잘 발휘할 수 있도록 도와주는 시간입니다. 직장의 구성원들이 모여서 웃고 떠드는 시간은 일을 안 하고 낭비하는 시간이 아니라, 어려운 과업을 잘 해낼 힘을 비축하는 시간입니다.

자기결정성 연구에서도 긍정적 관계가 잠재력과 성취도를 향상시킨다고 보고하고 있습니다. 새로운 일이나 환경에 적응하는 능력인 뇌가소성 역시 주변과의 원활한 관계 속에서 더 잘 발휘됩니다. 물론 친구와 노는 시간 동안에는 공부하지 못합니다. 하지만 그 노는 시간이 공부에 장기적으로 강력하게 긍정적 영향을 미칩니다. 그 시간이 앞으로 일을 열심히 해나갈 원동력이 되어줍니다. 진정한 관계, 좋은 친구들이 있으면 공부도 잘하게 됩니다.

무엇보다도 친구들을 만나 마음을 나누는 것 자체가 삶에 큰 의미입니다. 혼자서 넷플릭스를 보면서 쉬는 것과 좋은 친구와 만나서 동네를 산책하면서 이야기를 나누는 것 중에서 선택할 수 있다면, 무조건 친구를 만나는 것이 나의 행복을 위해서 더욱 바람직합니다. 친구가 없으면 공부하고 싶은 의욕도, 열심히 살아갈 마음도 다 사라집니다. 카이스트 김대식 교수가 저서 《김대식의 빅퀘스천》에서 언급하듯이 우리는 존재의 불안함과 무의미함을, 나와 공감하는 친구를 통해서 구원받으려고 하는 것일 수도 있습니다.

자기결정성 이론의 관계성 부분에서 특히 강조하는 점은 모든 사람과의 관계가 아니라, '주요 타인'과의 관계입니다. 저는 이것을 보다 구체적으로 '나와 마음이 맞는 주요 타인과의 관계'라고 가르칩니다. '주요 타인'의 대표적인 예는 부모, 형제, 학교 동창, 직장의 같은 부서 사람들 등입니다. 그런데 제가 오랫동안 학생들을 가르치며, 상담해주다 보니 학생들 중에 가정폭력을 휘두르는 부모를 둔 학생, 자신을 거의 돌보지 않고 버리다시피 한 부모를 둔 학생, 지나치게 간섭하고 통제하며 미래의 직업까지도 다 정해놓은 부모를 둔 학생들이 더러 있습니다. 주요 타인과 잘 지내는 것이 중요하다고 강조하면, 이러한 학생들은 이런 부모들과도 잘 지내야 한다는 당위 속에서 또다시 매우 힘든 시간들을 보내야 합니다. 하지만 마인드셋 이론의 캐롤 드웩 교수도 강조하였듯이 '가능성이 없는 관계에 끝까지 매달려서 자신의 삶을 허비하는 일'은 인내심의 미덕이 아니라 일종의 '무기력감'

의 일종일 수 있습니다.[9]

'부모니까, 형제니까, 내가 처음으로 사귄 사람이니까, 무조건 내가 참고 끝까지 노력하면 나아지겠지.' 하면서, 정히 안 되는 관계에 매달리는 것은 미덕이 아닙니다. 그것은 나를 낭비하는 일입니다. 한 번 지나간 시간은 다시 돌아오지 않습니다. 소중한 우리의 시간을 모든 관계에 신경 쓰느라 허비하지 말고, 나와 마음이 통하는 주요 타인과의 관계에 집중하는 것이 바람직합니다. '나와 마음이 맞는 주요 타인과의 관계를 챙길 것', '나 자신으로서 내 삶을 사는 것'을 내 삶에 적용하면 더욱 의미 있는 시간들로 나의 삶을 채울 수 있습니다. 이는 엘리슨이 '모두에게 사랑받기를 바라는 것은 비합리적인 신념'이라고 제시한 것과도 통하는 이야기입니다. 우리는 모든 사람에게 사랑을 줄 수도, 모두에게서 사랑을 받을 수도 없습니다.

주요 타인과도 마찬가지입니다. 중요한 것은 '나와 결이 맞는 주요 타인들'과 건강하고 긴밀하게 관계를 맺으며 성장해나가는 것입니다. 관계가 좋아야 한다는 명제가 나의 삶을 한없이 무겁게 해서는 안 됩니다. 나의 행복과 성취를 위해 삶에서 떨쳐내야 할 관계는 떨쳐내야 합니다. 이와 같이 '마음이 맞는 주요 타인'을 중심으로 관계를 맺어나가면, 삶이 자연스럽게 평안해집니다. 실타래처럼 얽혀 있던 여러 가지 관계의 문제들이 하나둘 해결되어갑니다. 내가 마음에서 떨쳐낸 사람들은 우리에게 결코 상처를 줄 수 없습니다. 우리가 그것을 허용하지 않으니까요. 또한 우리가 자신의 에너지와 관심을 '결이 맞는 주요 타인들'에게 집중하면, 그 관계는 더욱 강해지고 멋지게 발전합니다. 우리는 그렇게 한 발짝 행복에 다가서게 됩니다.

자율성, 유능성, 관계성의 충족을 통한 행복 전략

부모의 반대로 연극배우라는 꿈을 놓았다가 아이를 셋 낳고 연극을 시작한 연극인 이야기. 모두가 선망하는 기업에 잘 다니다가 나이 40대 중반에 안정된 직장을 박차고 나와서 신학을 공부하여 목사가 된 사람의 이야기⋯. 이와 같은 사례들은 자기결정성이 우리에게 얼마나 강력한 영향을 주는지를 알려줍니다. 자기 일에 온전히 집중하고, 제대로 기능하며, 행복해지려면 과업을 자신이 스스로 선택했다고 지각하는 일이 결정적으로 중요합니다.

자기결정성 이론의 핵심은 자기결정 혹은 자율적 동기와 비자기결정 혹은 통제된 형태의 동기와의 구분입니다. 자기결정성 이론에서 강조하는 것은 인간의 행동조절 유형의 자기결정적 기능, 즉 자발적으로 분출된 의지입니다. 자기결정성 이론에서 내재적 동기는 자발적으로 분출된 자율적 행동의 원형입니다. 자율적 행동은 내재적 동기가 발현되었음을 드러냅니다.

내재적 동기는 인간의 자연발생적인 내적 자원으로서 특정 과제의 수행 자체가 보상으로 작용할 때 발생합니다. 예를 들어서 피아노를 치는데, 피아노를 치는 시간 자체가 즐거워서 스스로에게 보상이 된다면 내재적 동기가 유발된 것입니다. 반면 돈을 벌고 싶어서 피아노를 친다면, 피아노 연주의 보상이 피아노 자체가 아니라 피아노 외부에서 오는 것이기에 외재적 동기가 유발된 것입니다. 따라서 내재적 동기는 자율적 행동의 원천입니다.

앞서 살펴본 인간의 타고난 심리욕구인 자율성, 유능성, 관계성은 서로 독립적인 변인이면서 동시에 서로 영향을 주고받습니다. 이들 3가지 심리욕구가 충족되었다고 지각하면 기분이 좋고, 흥미가 유발됩니다. 예를 들어서 테니스를 치는데 자율성과 유능성, 관계성이 충족되면 우리는 테니스를 칠 때 기분이 좋고, 테니스에 대한 흥미도 증가합니다. A가 "나는 테니스 치는 것을 좋아해!"라고 말하면 일반적으로 A가 테니스를 좋아해서 그렇게 말했을 뿐이라고 생각합니다. 그러나 기본심리욕구 이론의 측면에서 들여다보면, 사실은 테니스를 치는 일이 A의 자율성, 유능성, 관계성을 충족시켜준 것입니다.

  * 자율성의 충족: 내가 테니스를 치기로 선택한다.
  * 유능성의 충족: 게임에서 자주 이기고 경기력도 만족스럽

다.

* 관계성의 충족: 마음 맞는 친구들과 테니스를 치는 것이
즐겁다.

기본심리욕구에 따르면, 이 3가지 심리욕구가 충족되면 통합이 이루어져서 내재적 동기가 향상되고, 성장하게 됩니다. 한가지라도 제대로 충족되지 않으면 내재적 동기는 잘 향상되지 않습니다.[10] 그래서 사람들은 자연스럽게 기본심리욕구를 만족시키는 방향으로 활동하고 관계를 맺습니다.

2장부터는 자율성, 유능성, 관계성을 하나씩 살펴보겠습니다. 각 요소의 충족을 위해 모자란 부분은 채우고, 잘하고 있는 부분은 더욱 잘할 수 있도록 키워나가면 여러분은 어느새 행복의 문 앞에 다다라 있을 것입니다.

LIVE AS MYSELF

Chapter 2

내 인생의 주인은 나다

자율성

스스로 패를 펼쳐야
인생의 게임이 시작된다 _____

사람은 누구나 자신이 무엇을, 언제, 어떻게 할지 결정하고 싶어 합니다. 자율성은 자신이 행동의 객체가 아닌 주체라고 느낄 때 생깁니다. 자율성은 자신의 행동이 자신으로부터 분출한다고 인식하게 합니다.[11] 우리는 이와 같은 자율성을 지각해야 비로소 기본적인 심리욕구가 충족되는 존재입니다. 남이 시켜서 하는 행동은 우리의 심리욕구를 거스르는 일이죠. 그러므로 공부도, 일도 '알아서 스스로' 하는 것이 바람직합니다.

테니스 세계 랭킹 1위를 가장 오래 한, 테니스계의 거장 노박 조코비치Novak Djokovic가 테니스를 시작한 초기의 과정 역시 자율성의 중요성을 확인해줍니다. 조코비치는 세르비아의 베오그라드에서 태어났습니다. 그의 부모님은 피자집을 운영했는데, 길 건너편에는 테니스장이 있었습니다. 조코비치가 4세이던 1991년, 당시 세르비아 최고의 코치인 옐레나 젠치치가 그 테니스장에서 캠프를 열었습니다. 조코비치는 매일 캠프에 와서 훈련을 지켜보았어요. 옐레나 코치는 어린 조코비치가 귀여워서 코트에 들어오게 한 뒤 테니스 라켓을 쥐여주었습니다. "조코비치는 집중할 줄 알았고, 뛰어난 재능이 있었다."라고 옐레나는 회상합니다. 조코비치의 천재성을 알아본 옐레나 젠치치, 4세 꼬마를 코트로 불러주었던 그녀는 그로부터 수년 동안 조코비치에게 운동 심리와 테니스 전략에 대해 가르쳤습니다. 그녀는 훌륭한 코치로서, 조코비치에게 포핸드, 백핸드, 숏 크로서, 베이스 라인 플레이, 미드 코트 플레이 등 모든 것을 가르쳤습니다. 조코비치는 훌륭한 선수로 성장했습니다.

　여기에서 동기유발과 관련해 중요한 부분은 매일 캠프에 와서 훈련을 지켜보던 조코비치의 행동입니다. 부모가 4세 조코비치를 청소년들의 테니스 캠프로 강제로 끌고 갔다면 테니스 거장은 탄생하지 않았을 것입니다. 하지만 조코비치는 자신의 선택으로 자연스럽게 테니스 경기를 지켜보았습니다. 물론 그 캠프가 열리기 전에도 조코비치는 테니스장 근처에서 놀면서 테니스 경기를 지켜보았습니다. 캠프가 열리고 온종일 테니스를 열심히 치는 형과 누나들, 훌륭한 코치가 테니스를 가르치는 모습을 유심히 보았을 것입니다. 이 과정에서 조코비치는 아무에게도 강요받지 않고 통제당하지 않았습니다. 자율성이 충분히 확보되었던 것입니다. 그리고 적절한 시점에 친절한 옐레나 코치가 바쁜 일정에도 어린 조코비치를 코트로 불러주었습니다.

조코비치가 라켓을 잡아보고 테니스를 시작하게 되었을 때, 그다음은 모든 것이 기적처럼 흘러갔습니다. 스스로 테니스를 선택했던 조코비치는 자율성의 힘으로 엄청나게 집중하여 모든 노력을 테니스에 쏟았습니다. 결국 그는 테니스의 역사를 다시 쓰는 세계적 선수가 되었습니다. 이것이 스스로 선택하여 자신의 삶을 주도하는 사람들이 보여주는 자율성의 힘입니다.

자율성, 동기와 행복의 원천

자기결정성 이론은 '통제적 의도'와 '자율성'의 구분에서부터 시작됩니다. 사람들은 자율성의 심리욕구가 충족되었다고 지각하면 내재적 동기가 높아져서 과업에 노력을 기울이고 성취도 향상됩니다.[12] 반면 자율성을 낮게 지각하는 학생들은 노력을 적게 했고, 성취도도 낮았습니다.[13] 대학생들의 자기결정성이 높을수록 삶에 대한 만족도와 자아존중감은 증가했습니다.[14] 자율성을 지지하는 환경에서 자율성이 높아지면, 학습자들은 내재적 동기가 증가하며 학습을 위해 더욱 큰 노력을 기울입니다.[15] 자율성의 향상은 학교생활에 대한 심리적 적응, 집중, 긍정적 정서 등에서도 적정 효과가 있었습니다.[16]

예를 들어 자기결정성 이론을 기반으로 '자율성 지지적 환경'을 마련해, 2년간 420명의 7학년 학생들에게 마르틴 부버 Martin Buber의 나-너 대화I-Thou dialogue를 수행하도록 한 결과, 학생들의 긍정적 정서가 증가하고 부정적 정서와 교실 내 폭력이 감소하는 효과가 나타났습니다.[17]

해당 연구에서 자극물로 사용한 마르틴 부버의 나-너 관계는 인간 존재의 본질에 대한 것입니다. 마르틴 부버는 인간의 관계를 나-그것I-It과 나-너 관계로 나누었습니다. 나-그것은 타인을 대상화하거나 도구로 보는 관계입니다. 이는 사람을 포함한 모든 존재를 자신의 목표달성을 위한 수단으로 볼 때 이루어지는 관계입니다. 나-너 관계는 나와 상대방이 사랑과 존중을 통하여 인격적으로 만남을 가지는 것을 의미합니다.[18] 즉, 나-너 관계는 진정한 의미의 만남을 가리킵니다. 해당 연구에서는 이러한 배경의 나-너 대화를 통하여 긍정적 정서를 증가시켰습니다.

고등학교 교사 20명(여성 9명, 남성 11명)을 대상으로 10주간에 걸쳐서 수행한 연구에서, 자율성을 지지하면 학생들의 학급에서의 '관여engagement'가 향상되는지를 분석하니 학생들의 관여도 실제로 유의미하게 향상되었습니다.[19]

제 동료들이 자기결정성 이론의 심층적 연구를 위해 국내한 중학교 2학년 학생 500명(여자 257명, 남자 243명)을 대상으로 수행한 단기 종단연구에서도 자율성과 관여는 높은 관련을 나타냈습니다.[20] 연구 결과에 따르면 학기 초에 학생들이 자신의 자율성이 지지받고 있다고 지각하면 학기 말에 학급에 대한 관여가 향상되었습니다. 그리고 이는 학기 말 학업성취도의 상승으로 연결되었습니다.

이 연구를 통해 저와 동료들은 관여로 자율성에 대한 욕구의 만족을 예측하고, 다시 욕구의 만족으로 자율성 지지적 환경의 변화를 지각하는 정도를 예측할 수 있음을 발견했습니다. 다시 말해서 이 연구의 중요한 시사점은 지각된 자율성 지지도의 정도와 관여가, 학생들의 자율성에 대한 욕구의 만족에 대한 예측과 결과물이 동시에 되어주는, 역동적 관계를 갖는다는 것입니다. 학생들이 자율성을 지지받는다고 지각하면 관여가 향상되고, 향상된 관여는 만족도를 통해 다시 자율성 지지에 대한 지각을 높여줍니다.

자율적 학교 vs. 통제적 학교

동기이론에서 자율성을 강조하지만, 현실적으로 자율성을 받아들이는 것은 그리 쉬운 일이 아닙니다. 특히 유교적 문화에 따라 어른들이 가르치고 지시하는 대로 따르는 것을 강조하는 교육환경 속에서 성장한 우리는 자율성이 그다지 익숙하지 않습니다. 저도 처음 자기결정성 이론을 접할 때는 기본심리욕구들 중 자율성은 우리 문화와 잘 맞지 않아서 부분적으로만 실천 가능하다고 생각했습니다. 학생들이나 구성원들의 자율성을 확보해주는 데에 초점을 맞추다 보면 아무래도 조직의 질서나 성취가 낮아질 것이라는 선입견이 있었습니다. 그러나 저와 동료들이 연구를 거듭할수록, 또한 많은 자기결정성 논문들을 살펴볼수록, 학생들을 많이 가르칠수록, 자율성이 얼마나 사람들을 성장시키고 조직을 발전시키는 데에 효과적인지 확실히 알 수 있었습니다.

이를테면 실제로 매우 엄격한 학교와 상당히 자유로운 학교를 정성적으로 비교해보면, 자유로운 학교의 학생들이 전체적으로 수업에 잘 집중합니다. 얼핏 보면 엄격한 학교의 학생들이 훨씬 더 똑바로 앉아 있고, 교사의 말에 잘 따르고 집중을 잘하는 듯 보입니다. 자유로운 분위기의 학교에서 학생들은 수업 시간에 잘 웃고, 떠들고, 수업에 덜 집중하는 것처럼 보이고요. 그러나 노트북을 사용하는 수업에서 학생들의 모습을 잘 살펴보면 자유로운 학교의 학생들이 실질적으로 훨씬 더 수업에 집중하고 있습니다. 교사가 자신을 주시하지 않아도 대부분 수업을 따라 교재를 넘깁니다. 그러나 엄격한 학교의 학생들은 교사가 자신에게 시선을 주지 않는다고 느끼는 각도에서 70% 이상이 딴짓을 합니다. 남학생들은 게임을 주로 하고 여학생들은 메신저로 대화하고 심지어 드라마도 봅니다.

실제로 저는 2년 넘게 자율적 학교와 통제적 학교를 밀착 관찰하고, 학생들과 인터뷰할 기회가 있었습니다. 그 결과 자율성의 중요성을 다시 확인할 수 있었습니다. A 학교는 규율이 엄격했고, B 학교는 자유로웠습니다. A 학교는 학생들의 옷과 신발 규정을 강하게 두고, 특정 날은 모두가 검정 신발을 신게 했습니다. 하얀색 요소가 조금이라도 있으면 안 됐습니다. 염색이나 귀걸이는 금지되었습니다. 복도에서 큰소리를 내면 곧바로 교사들이 개입해 상황을 통제했습니다. 학생이 욕하다가 교사에게 발각되면 그 자리에서 경고를 받았습니다. 3회 경고에 레드카드가 부여되었고, 3장의 레드카드는 부모님의 호출로 이어졌습니다. 그래서 학생들은 경고를 두려워했습니다.

대조적으로 B 학교는 학생들의 복장이나 외모에 대한 규제가 거의 없었습니다. 머리를 염색하거나 찢어진 청바지를 입거나, 귀걸이를 해도 간섭하지 않았습니다. 당연히 아무 신발이나 신어도 되었지요. 쉬는 시간도 자유로운 편으로, 아주 위험한 일만 하지 않으면 아무런 통제도 받지 않았습니다. 아이들은 아지트를 만들고 그곳에서 자유롭게 이야기하거나 게임하면서 쉬는 시간을 즐겼습니다.

이 두 학교는 모두 노트북 소지를 허용하는 학교입니다. 그런데 규율이 엄격한 A 학교의 학생들은 30명이 있는 한 학급에서 서너 명을 제외하고는 수업 중에 거의 모든 학생이 온라인 게임을 하거나 드라마를 시청했습니다. 엄격한 A 학교의 교사들은 학생들을 수업에 집중시키려고 큰 노력을 들이고 있었지요. 물론 수업 시간에 다른 활동을 하다가 발각되면 엄한 벌을 받았고요. 하지만 학생들은 어떻게든 교사의 눈에 띄지 않도록 주의하며 게임과 드라마에 열중했습니다. 만약 교사가 자신의 책상에 가까이 오면, 순식간에 화면을 전환했습니다. 반면 자유로운 B 학교는 수업 중에 게임하거나 드라마를 보는 학생들이 극소수였습니다. B 학교의 학생들은 두어 명의 학생만 게임을 하거나 드라마를 보고 있었습니다. 학생들은 대부분 자유로운 분위기에서 교사의 설명을 듣고, 토론에 참여하고 있었습니다.

이는 앞에서 제시한 자율성의 힘을 보여주는 좋은 예시입니다. 외부로부터 통제받는다고 지각하면 할수록, 스스로 해내려는 힘은 감소합니다. 강압적인 방법으로 학생들을 통제하면, 도리어 학생들은 무슨 방법이든지 써서 마음대로 할 수 있는 일을 찾습니다. A 학교에서는 복장, 태도, 쉬는 시간의 활동 등을 과도하게 통제하니까 수업 시간에라도 자신이 원하는 일을 해보는 것입니다. 반면 B 학교 학생들을 전체적으로 자유롭게 두니까 수업 시간에 과업에 집중할 수 있는 것입니다. 강압적인 통제로는 무슨 일이든 제대로 이루어지기 어렵습니다. 나와 상대 모두에게 자율성이 허락될 때 우리는 타고난 잠재력을 제대로 발휘할 수 있습니다.

자율성을 빼앗기면
다 빼앗긴 것이다

하버드 법대 석지영 교수의 저서 《내가 보고 싶었던 세계》에는 어린 시절에 자율성을 침해당한 경험이 생생하게 잘 나타나 있습니다. 미국 이민 가정의 자녀였던 석지영 교수는 우연히 접한 발레에 마음을 빼앗겼습니다. 처음에는 완강히 발레를 반대하였던 부모님은 9학년 올라갈 때에 발레를 그만두는 조건으로 겨우 발레를 허락했습니다.[21] 발레를 하는 동안 석지영 교수는 진정한 자유로움을 느낄 수 있었습니다.[22] 그녀는 초집중하여 발레 선생님들의 가르침을 받아들이고, 스펀지처럼 흡수했습니다. 발레 동작들을 하나하나 열심히 익히며 석 교수는 자신감 있는 무용수로 발전에 발전을 거듭했습니다.

약속한 때가 되자 석 교수는 발레를 계속하게 해달라고 부모님에게 애원했습니다. 하지만 이는 수용되지 않았죠. 그녀는 "소중한 발레를 빼앗겼다.", "나는 패배했다."라고 그 시절을 표현합니다. 실제로도 학교에서 좀비처럼 지내며 숙제도, 수업 참여도 하지 않는 무기력한 침묵의 나날을 몇 개월 동안이나 보냈습니다. 어머니는 아이의 앞날을 위해 발레를 그만두게 했지만, 그 상실감은 아이가 감당하기에 너무나 큰 것이었습니다. 상당한 시간이 걸렸지만, 다행히 석 교수는 회복탄력성을 발휘하고, 훌륭한 선생님들의 도움으로 결국 새로운 길을 찾아 나섰습니다.

하지만 많은 경우 자율성을 다치고 나면, 무동기amotivation 상태로 주저앉아버립니다. 누구나 석 교수처럼 회복탄력성을 발휘할 수 있거나, 훌륭한 선생님들의 도움을 받을 수 있는 것은 아니니까요. 부모는 아이를 위해서 발레를 그만두게 했는데, 그 때문에 아이가 아무것도 열심히 하지 않게 된다면 얼마나 안타까울까요?

그녀는 하버드대 교수가 된 지금도 발레를 생각하면 슬프다고 했습니다. 30대가 될 때까지 발레공연을 볼 때마다 더는 발레를 보다가는 무너져버릴 것 같아서 공연 중간 인터미션에 공연장을 뛰쳐나갔다고 합니다.[23] 석지영 교수의 예시는 자신이 선택한 것을 강제적으로 하지 못하게 되었을 때, 즉 자율성을 손상받았을 때에 우리의 영혼에 그 상처가 얼마나 깊이 남을 수 있는지를 잘 보여줍니다. 내가 선택한 삶, 나 자신으로서 살아가는 힘에 대해서 생각해보게 하는 대목입니다.

우리가 다른 사람을 통제하려고 시도하는 것은 우리가 생각하는 것보다 훨씬 더 무모한 일입니다. 다른 사람의 소중한 자율성을 상처 주어서 상대방이 아무것도 하고 싶지 않도록 만들 수 있으니까요. 이 예시에서도 볼 수 있듯이 자율성을 갖고 나 자신으로서 사는 일은 우리에게 불같은 힘을 줍니다. 반면에 강제적인 통제로 인해 자율성에 상처를 받으면 소중한 내재적 동기가 사라지고, 아무것도 하고 싶지 않습니다. 자율성을 잃으면 다 잃은 것입니다.

원하는 것을 끝까지 밀어붙여본 경이로운 경험

제가 아끼고 좋아하는, 아이들을 지혜롭게 정성껏 키우는 후배가 어느 날 제게 의논을 해왔습니다.

"언니, H가 갑자기 발레를 전공하고 싶대. 어렸을 때 취미로 발레를 잠깐 배웠는데, 그때 발레를 그다지 좋아하지 않았어. 그런데 몇 달 전부터 초등학교 6학년인 동생이랑 같이 운동 삼아 발레를 시작했어. 그런데 생각지도 않게 중학교 1학년인 H가 갑자기 발레가 너무 좋다면서 아예 전공을 해보고 싶다고 해. 그런데 좀 알아보니까, 중학교 1학년이면 발레를 전공하기에는 이미 늦었다고 해. H는 학년 올라가면서 할 일도 점점 많아지고, 집 근처에 마땅한 전공 발레 선생님도 안 계시는 것 같고…. 언니, 내가 보기에는 발레를 전공하는 것이 무리인 것 같아. 내가 H를 말리고 싶기는 한데, 지금 본인이 발레를 너무 하고 싶어 하니까 발레 하지 말자는 이야기하기가 조심스러워. 어떻게 하는게 좋을까?"

후배의 이야기를 들으면서 석지영 교수가 곧바로 생각났습니다. 순식간에 발레와 사랑에 빠진 점이 신기할 만큼 겹치는 스토리였어요. 심지어 제 후배의 딸, H도 석지영 교수처럼 책을 좋아하고 공부를 매우 잘하는 아이였습니다.

저는 후배에게 석 교수의 이야기를 들려주었습니다. 석 교수가 9학년 올라가면서 부모님의 통제로 발레를 못하게 된 일, 오랫동안 힘들어하며 무기력하게 지내야 했던 일 등을 이야기해주고, 석 교수가 하버드 교수가 된 지금도 발레를 생각하면 마음이 아프다고 책에 쓴 것을 강조해서 이야기해주었습니다. 석지영 교수는 오늘날의 자신의 성공은 어머니 덕분이고 큰 사랑과 감사를 드리지만, 아직도 자신에게서 발레를 빼앗아간 어머니는 원망스럽다고 책에 적었습니다. 다시 9학년으로 돌아간다면, 여전히 발레를 하고 싶다고 언급했습니다. 발레를 향한 갈망, 빼앗긴 꿈에 대한 아쉬움, 손상된 자율성의 고통스러운 후유증… 후배는 제 이야기를 열심히 들었습니다. 저는 집으로 돌아와서 석지영 교수의 책을 찾아서 이웃인 후배에게 곧바로 갖다주었습니다.

바로 그날 밤 후배는 그 책을 다 읽었어요. 영민한 후배는 이 일의 본질, 즉 자율성의 핵심을 곧바로 이해했습니다. 사랑하는 딸을 위해서 무엇을 해야 할지 바로 알아차렸으니까요. 그리고 발레를 허락하기로 마음을 단단히 먹었습니다.

"언니, H가 발레 시작하도록 도와주어야겠어요! 만약 전공하기에 많이 늦어서 그만두어야 한다면, 그 또한 본인이 스스로 결정하도록 해줄래요."

엄마로부터 발레를 허락받은 딸은 뛸 듯이 기뻐하며 발레에 집중했어요. 후배는 '겉으로만 지원'하는 것이 아니라, 정말 마음을 다해서 열심히 딸의 꿈을 '지지'해주었습니다.

"언니, 나는 딸의 발레리나 꿈을 지지해주는 척하지 않을 거야. 정말로 지원해줄 거야. 딸이 그토록 해보고 싶어 하는 일, 나도 한 편이 되어서 끝까지 도와줄 거야."

H도 중학생 딸에게 갑자기 발레를 허락하는 것이 쉽지 않다는 사실을 잘 알고 있었습니다. H는 발레를 지지해주는 엄마에게 감사해하며 행복한 마음으로 열심히 발레를 배웠습니다. 후배는 딸을 위해 훌륭한 전공 발레 선생님도 적극적으로 알아보았습니다. 딸이 그 발레 선생님을 한 번 만나보더니 꼭 그분에게서 배우고 싶다고 했습니다. 이후 왕복 3시간 거리의 발레교습소에 일주일에 5회씩 출석하며, 열심히 발레 연습에 집중했습니다. 그러나 늦은 시작의 벽은 높았습니다. 점점 진도가 나가면서 H의 고민도 커졌습니다. 아무리 노력해도 도저히 되지 않을 것

같은 동작들 때문이었습니다. 엄마는 말없이 딸을 지켜볼 수밖에 없었지요. 그렇게 1년이 훌쩍 지났습니다. 어느 날 H가 엄마와 둘이 거실에 앉아 있을 때 눈물을 글썽이며 말했습니다.

"엄마, 발레를 너무 사랑하지만, 이제 그만해야 할 때가 된 것 같아요. 아무리 열심히 해도, 늦게 시작해서 뒤처진 것들이 도저히 극복되지 않아요. 제가 발레를 전공하는 건 무리일 것 같아요. 엄마가 저를 이해하려고 애쓰신 거 잘 알아요. 정말 고마워요."

그렇게 H의 발레 여정은 아쉽지만, 아름답게 마무리되었습니다. 엄마가 지혜롭게 아이의 선택을 존중하고 지원하며 아이의 결정을 기다려주었더니, 아이가 스스로 현명한 결론을 내렸습니다. 그리고 H는 엄마도 놀랄 만큼 빠른 속도로 마음을 회복하고 자신의 원래 일상으로 돌아왔습니다. 물론 한 번씩 발레를 생각하면 아쉬운 마음이 들 것입니다. 하지만 본인이 원하는 만큼 발레를 해보고, '스스로 그만두기로' 결정했습니다. 이것은 부모님이 강제적으로 발레를 그만두는 것과는 완전히 다른 이야기입니다.

자신의 삶의 방향을 직접 선택할 수 있음을 제대로 경험한 H는 그 이전과는 또 다른 차원으로 성장했습니다. 스스로 발레를 그만두기로 선택한 후, H는 빠른 속도로 일상을 회복했습니다. 발레가 아무리 연습해도 뜻대로 안 될 때와는 달리, 다시 눈이 반짝반짝하고 밝은 아이로 되돌아왔습니다.

딸이 자신의 길을 찾을 수 있도록 적극적으로 지지해주었던 제 후배의 기다림은 행복한 결론으로 마무리되었습니다. H와 엄마는 진정한 한편으로 발레를 배우는 시간을 거치며, 더욱 깊이 있는 관계로 발전했습니다. H는 발레 공연을 보다가, 인터미션에 울면서 뛰쳐나가지 않을 것입니다. 대신 끝까지 객석에서 발레를 즐길 수 있을 것입니다. 만약 한 번씩 발레를 못 한 것이 아쉬운 마음이 든다고 해도, 끝까지 밀어붙여보았고, 아련하게 그리워할 무언가 있다는 것은 또 얼마나 아름다운 일인가요!

자율성을 확보받은 사람은, 내가 내 삶을 지휘할 수 있다고 생각해서 강한 마음의 힘을 발휘합니다. 그래서 우리는 진정으로 사랑하는 사람들의 자율성을 확보해주어야 합니다. 사랑한다는 이유로 상대방의 자율성을 억압해서는 안 됩니다. 자율성을 지지해주고, 지지받는 과정을 통해 우리는 삶의 균형을 잡아가며 살아갈 수 있게 됩니다. 현명한 엄마 덕분에 자율성을 가질 수 있었던 H에게 발레는 빼앗긴 꿈이 아닙니다. H에게 발레는 '자신이 진정으로 원하는 것을 실제로 끝까지 밀어붙여본 경이로운 경험'입니다.

원하는 대로
다 해봐!

서울 아산병원의 심장내과는 누구나 인정하듯이 세계적인 수준입니다. 우수한 명의들 덕분에 치료받고 싶어 하는 환자들이 줄을 서 있습니다. 이를테면 아산병원 심장내과의 박승정 교수는 '심장 스텐트 시술의 대가'로, 심장 치료의 세계 표준을 세운 명의로 평가받습니다. 박승정 교수는 논문 영향력 지수가 의과학 학술지 통틀어 1위인 NEJM 저널에 무려 6편의 논문을 게재했습니다. 그는 한국인 최초로 NEJM 논문을 게재한 분이고, 이제는 해당 저널의 세계 최대 게재자입니다. 이외에도 가슴 절개 없이 인공판막 삽입으로 심장병을 완치시키는 분, 급성 심근경색증 환자의 명의, 부정맥의 대가, 고지혈증 명의 등이 포진해 있습니다.

이와 같은 아산병원의 우수성은 아산병원을 설립할 당시의 설립자인 정주영 회장으로부터 시작한 '간섭 없는 전폭적 지원'

에서 기인했다는 평가가 있습니다.

"최고의 의사들을 뽑아 와! 심장 전문가들이 원하는 대로 다 지원해줄 테니 무엇이든 마음대로 해봐!" 이와 같은 전격적 지원에 힘입어서, 우수한 인재를 영입하고, 그들이 원하는 기기들을 들여오고, 외국에 가서 배울 것 있으면 나가서 배워 오고…, 그 결과 서울 아산병원 심장내과는 글로벌 최고 수준이 되었습니다.

리더가 전폭적으로 자율성을 보장해주면 구성원들의 역량은 폭발합니다. 하지만 통제하는 환경에서는 영재성도 꺾입니다. 대체로 현실적으로는 많은 리더들이 지나치게 간섭하면서 지원합니다. 특히 한국 학생들이 처한 교육 환경을 살펴보자면, 자율성을 감소시키는 거의 모든 조건을 갖추고 있습니다.

기본적으로 한국의 중고등학생들은 자유롭게 사용할 수 있는 시간의 절대치가 턱없이 부족합니다. 많은 학생이 새벽부터 밤까지 단 한 시간도 자유로운 시간 없이 꽉 짜인 스케줄 속에서 움직입니다. 해야 할 공부, 내야 할 과제, 일어나는 시간, 자는 시간 등등이 거의 모두 짜여 있습니다. 학교가 아닌 관공서나 기업에서도 사정은 마찬가지입니다.

얼핏 자율성을 부여하면, 조직이 비효율적으로 운영될 것 같습니다. 그래서 많은 기관이 규정을 만들고, 사람들을 통제합니다. 그러나 연구에 따르면 사람들은 자기효능감self-efficacy이 발현되는 바로 그 순간, 즉 '내게 주어진 일을 내가 잘 해낼 수 있다는 자신감'이 생기는 그때 우리는 '자율성'을 필요로 합니다.[24] 자율성이 확보되어야, 이제 막 자신감이 붙은 그 일에 더욱 집중해서 원하는 만큼 실컷 해낼 수 있기 때문입니다.

스티브 잡스가 애플을 만들 당시, 누가 잡스를 감시하면서 하루에 몇 시간씩 일하는지 체크하고 평가하지 않았습니다. 그는 전적으로 자율적으로 자신이 원하는 만큼 일했습니다. 일주일간 밤잠 제대로 안 자고 일하기도 했고, 며칠씩 뒹굴뒹굴 대면서 쉬기도 했을 것입니다. 자기효능감이 높은 학생들은 자기주도적으로 충동을 조절하면서 공부하려는 경향이 강합니다. 자기효능감과 자기조절학습은 학습의 중요한 두 축입니다.[25]

그러나 현실적으로 학교나 기업에는 주어진 목표가 있고, 마감이 있으며, 서로의 성과를 비교하는 평가들이 뒤따릅니다. 그러므로 통제적 상황이 생길 수밖에 없습니다. 우리는 살아 있는 동안 이와 같은 마감 시간과 평가 등의 통제적 상황을 완전하게 피할 수는 없습니다. 그렇지만 이와 같은 제약 속에서도 최대한 자율성을 충족하기 위한 방법을 찾아내고, 함께 힘을 합해서 나와 너의 자율성, 우리의 자율성을 지켜나가기 위해 노력한다면 상황은 훨씬 나아질 것입니다.

나에게 아무리 잘해주어도 고맙지 않은 사람

"아이들 예의범절은 부모가 가르치면 되지. 가끔 만나는 할머니가 무엇 때문에 귀여운 손주들한테 잔소리하겠니? 나는 손주들 예뻐하기만 할 거야!"

실제로 제 어머니는 저희 아이들을 혼내거나 잔소리하지 않으시고, 아버지도 마찬가지입니다. 그래서인지 아이들이 할아버지, 할머니를 무척 따르고 좋아합니다. 함께 식사하려고 식당에서 만나면, 멀리서부터 할아버지, 할머니를 부르며 달려가서 안아드립니다. 수학여행을 다녀오면, 꼭 할아버지, 할머니 선물을 사옵니다. 여행을 같이 가면, 늘 두 분을 잘 챙기고 이야기도 많이 합니다. 할아버지, 할머니가 어려서부터 잘 돌봐주시기도 했지만, 잔소리를 안 하는 두 분과는 행복한 기억만이 가득한 것입니다.

행복을 위해서, 사랑하는 사람에게 잔소리를 최소한으로 줄이는 지혜가 우리에게 필요합니다. 짜증 섞인 잔소리는 관계에도, 과업에도 아무런 도움이 되지 않습니다. 첫 번째 연구년에 의사결정 뇌과학 연구의 대가이자, 도파민 연구의 장을 열었다고 평가받는 뇌과학자 리드 몽타규Read Montague 교수의 뇌과학 연구팀에 방문 교수로 합류했습니다. 당시 리드 몽타규는 텍사스의 베일러 의과대학 교수이자, 영국의 UCLUniversity College London 교수이면서 UCL뇌과학센터Welcome Trust Center에 속해 있었고, 버지니아대학교에서 뇌과학센터Center for Human Neuroscience Research를 이끌고 있었습니다.

뇌과학센터는 로녹Roanoke이라는 작은 마을에 있었습니다. 그 근처 몬티첼로에는 미국 3대 대통령, 토머스 제퍼슨의 집이 잘 보존되어 있습니다. 알다시피 토머스 제퍼슨은 미국에서 건국의 아버지라고 불리며 존경받는 전 대통령이고, 미국 독립선언서의 기초자입니다. 미국 2달러 지폐의 앞면에 그의 초상화가 새겨져 있습니다. 토머스 제퍼슨은 교육에 관심이 높고, 생각이 깊은 사람이었습니다. 그는 교육이 제대로 된 사회를 만드는 데에 큰 도움이 될 것이라고 강하게 믿었습니다.

특히 제퍼슨은 경제적 사정이 좋지 않은 젊은이들에게 공평하게 교육의 기회를 주는 대학을 만들기 위해 모든 노력을 기울였습니다. 그렇게 생겨난 학교가 버지니아대학교였습니다. 교육에 헌신한 그의 노력에 사람들은 토머스 제퍼슨을 '몬티첼로의 성인'이라고 불렀습니다. 제퍼슨은 종종 교수들과 학생들을 몬티첼로에 있는 자기 집으로 초대했습니다. 제가 그 집을 방문했을 때, 다음과 같은 인상적인 구절이 담긴 엽서를 보았습니다.

논쟁하지 말아라. 너와 생각이 같은 사람이면, 생각이 같으니 논쟁할 필요가 없다. 너와 생각이 다른 타인이라면 결코 자기 생각을 바꾸지 않을 테니 논쟁할 필요가 없다.

토머스 제퍼슨의 논쟁하지 말라는 문장에는 큰 지혜가 담겨 있습니다. 논쟁도 하지 말라고 하는데, 하물며 부정적인 잔소리는 말할 것도 없습니다. 실제로 잔소리는 효과가 없습니다. 잠깐은 효과가 있는 경우도 있겠지만, 장기적으로는 아닙니다. 자율성을 존중받을 때 비로소 무언가 하고 싶어지는 것이 인간이 타고난 심리입니다.

잔소리는 속성상 통제를 기반으로 합니다. 그러므로 잔소리는 분위기만 해칠 뿐, 상대방의 행동을 교정하는 데에 그다지 효과가 없습니다. 반복적으로 잘못하는 일을 바로잡아주어야 한다면, 잔소리가 아니라 '정확한 정보'를 담은 피드백을 담백하게 전달하는 것이 효과적인 방법입니다. 그런데도 많은 경우에, 우리는 사명감을 갖고 잔소리를 하곤 합니다. 내가 지금 이 순간, 이 이야기를 꼭 해주어서 상대방을 더 나은 사람으로 만들어주겠다는 일념으로 잔소리를 합니다. 하지만 잔소리는 행동의 교정에도 관계에도 도움이 되지 않습니다.

잔소리는 자기결정성 이론의 측면에서 보아도 상대방의 자율성을 치명적으로 해치는 행동입니다. 잔소리로 인해 상대방의 행복감이 낮아지고 동시에 부정적인 언어를 입 밖으로 내어 말하며 나 자신의 행복감도 낮아집니다. 게다가 상대방이 나로 인하여 불쾌해하는 것을 보면서 부정적인 감정이 전염되어서 행복감이 다시 더 낮아집니다. 결과적으로 잔소리는 아무에게도 도움이 되지 않습니다. 아무리 잘해주어도 나를 통제하려고 드는 사람에게 우리는 끌리지도, 고맙지도 않습니다.

구조화된 자율성 지지적 환경을 통한
자율성 향상 전략 9가지

흔히 자율성을 이야기하면, 마음이 시키는 대로만 하라는 것은 아닐까 우려합니다. 그러나 우리는 모두 자아실현성향을 타고난 존재라고 했습니다. 그래서 자율 안에서 놀기만 하지 않습니다. 마음이 우리에게 쾌락을 즐기며 놀기만 하라고 시키지 않습니다. 다만 그동안 통제를 많이 받아와서 역작용으로 잠시 노는 것에 치중하거나 아무것도 안 하려고 할 수는 있습니다. 그러나 이는 잠시이고, 지나가는 일입니다.

자율성이 혼란이나 방임을 뜻한다는 잘못된 생각에 대해서, 자기결정성 이론은 '구조화된 자율성 지지적 환경'이라는 구체적이고 명확한 해답을 제시하고 있습니다. 자기결정성 이론이 제시하는 자율성 지지적 환경은 그냥 자율성이 아니라, 구조화된 자율성입니다. 그냥 무턱대고 자유롭게 두는 것이 아니라 자율성에 일정한 테두리를 제시하고, 그 속에서 자율성을 확보하는 것입니다. 자기결정성 이론이 제시하는 '구조화된 자율성 지지적 환경'의 첫 번째 단계는 충분한 시간 속에서 주체가 진정으로 원하는 것이 무엇인지 이야기를 듣는 것입니다. 기본적인 규칙 속에서 자유도를 갖도록 해주는 것입니다.

나라는 학교의 학생, 나라는 기업의 직원

자율성을 지지한다는 것은 구성원들이 자발적으로 과업을 수행할 수 있도록 적절한 정보와 학습의 기회를 체계적으로 지원하는 것입니다. 자율성 지지는 권위를 부여받은 통제자인 학부모, 교수자, CEO의 입장이 아니라 구성원들에게 초점을 맞춘 것입니다. 다시 말해서 자율성 지지적 환경은 구성원들이 스스로 선택하고 주도적으로 행동할 수 있도록 하면서 통제와 요구는 최소화하는 환경을 가리킵니다.[26]

예를 들어 자율성을 지지하는 CEO는 자신의 관점이 아니라, 구성원들 입장에서 경영을 생각합니다. 자율성을 지지하는 교수자들은 자신이 가르치고 싶은 것보다는 학생에게 필요한 것을 가르칩니다. 그러므로 자율성 지지적인 교사들은 학생들이 원하는 것이 무엇인지 알려고 하고, 학생들이 원하는 것을 할 수 있도록 도와야 합니다. 자율성 지지적인 CEO, 교수자, 학부모들은 열려 있고, 융통성 있는 태도를 취합니다. 반면 통제적인 교사는 학생의 의견을 듣지 않고 자기 생각대로 수업을 진행합니다. 자신이 지시한 것을 학생들이 순종적으로 잘 따르면 학습이 제대로 이루어진다고 생각합니다.

자기결정성 이론에서 '자율성 지지적 환경'을 다룰 때는 사회적 환경으로서의 자율성 지지적 환경, 다시 말해서 학생들이나 조직의 구성원들에게 자율성을 확보해주는 개념입니다. 여기에서 우리는 나 자신에게 자율성을 부여해주는 것으로도 자율성 지지적 환경을 조성해볼 수 있습니다. 내가 정말 원하는 것, 내 행복에 필요한 것이 무엇인지 귀 기울이고, 세상이 강요하는 삶의 모델 대신 나만의 모델을 자아가 자율적으로 추구하도록 해보는 것입니다. 내가 자신에게 자율성 지지적 환경을 마련해주면 엄격하게 자신을 통제하는 경우보다 더 큰 일을 행복하게 성취할 수 있습니다. 구조화된 자율성 지지적 환경은 기본적으로 다음의 조건을 갖추어야 합니다.[27]

첫째, CEO, 교수자, 학부모들이 구성원들에게 합리적 준거를 미리 제공한다.
둘째, 갈등이 생길 수 있음을 인정한다.
셋째, 구성원들에게 선택권을 준다.

여기에서 CEO, 교수자, 학부모들은 직접적으로 구성원들에게 자율성의 경험을 주는 것이 아님을 유의해야 합니다. 자율성의 경험은 스스로 찾아서 지각하는 것입니다. 다만 CEO, 교수자, 학부모들은 구성원이 스스로 자율성을 지각하는 경험을 할 수 있도록 지원하고 격려할 뿐입니다.

반면에 통제적인 환경은 그 3가지 조건이 결여된 상황입니다. 통제적인 환경에서 구성원들은 특정한 방식으로 생각하고 행동할 것을 강요받습니다. 다시 말해서 통제적인 환경에서 규칙을 어기면 엄한 체벌을 받습니다. 단기적으로는 통제적 환경에서 사람들이 더욱 과업에 집중하는 것처럼 보이기도 합니다. 그러나 이와 같은 과업 수행은 '통제'가 사라지거나 줄어들면 잘 이루어지지 않습니다. 반면 자율성 지지적 환경의 사람들은 '나 자신으로서 살면서' 자신의 일을 스스로 선택하고 잘 해나갑니다. 그리고 무엇보다도 과업 수행의 과정 자체를 행복해합니다.

이제부터 구조화된 자율성 지지적 환경을 통한 자율성 향상의 9가지 전략을 알아보겠습니다. 다음은 존 마샬 리브와 장형심 교수가 연구한 자율성 지지적 환경을 만드는 구체적 전략에 제가 설명과 예시를 더한 것입니다.[28] 자율성 지지적 환경을 보다 명확하게 살펴보기 위하여 통제적 환경과 대비하며 설명해보도록 하겠습니다.

첫째, 경청하기 vs. 일방적으로 지시하기

자율성 지지의 시작은 구성원들이 원하는 바를 잘 들어주는 것입니다. 일단 구성원들이 원하는 바가 무엇인지 알아야 지지해줄 수 있으니까요. 자율성을 지지하는 CEO, 교수자, 학부모들은 잘 들어주는 사람들입니다. "이 안건에 대한 너의 생각은 어떤지 이야기해볼까?"

반면 통제적 환경은 권위를 가진 사람들이 직접적으로 지시하는 경우가 많습니다. "지금부터 내가 말하는 대로 잘 적고, 그대로 하세요!"

둘째, 구성원들이 원하는 바를 직접 묻기 vs. 구성원의 원하는 바에 관심 없음

구성원들이 원하는 바에 대한 방향을 잡은 다음에는 보다 적극적으로 구성원들이 원하는 바를 직접적으로 물어봅니다. 즉, 구성원들이 보다 적극적으로 자신의 생각과 느낌, 의견을 표현할 수 있는 기회를 줍니다. 이를 통하여 구성원들과의 상호작용도 높일 수 있습니다. "이번 안건에 대해서 너는 구체적으로 어떠한 활동 계획을 짜고 싶은지 이야기해볼까?"

반면 통제적인 환경에서는 구성원들이 원하는 바는 관심사가 아닙니다. CEO, 교수자, 학부모들이 원하는 것입니다.

셋째, 구성원이 스스로 해결할 수 있는 시간 주기 vs. 문제해결책 제시하기

자율성 지지적 환경에서는 구성원들이 스스로 자신의 문제를 해결할 수 있도록 시간을 충분히 줍니다. 구성원들이 자신의 문제를 자신이 해결할 수 있는 기회를 줍니다.

반면 통제적 환경에서는 CEO, 교수자, 학부모들이 일방적으로 정답을 제시합니다.

넷째, 과제 수행의 규칙과 한계의 근거 제시하기 vs. 무작정 과제를 지시하기

과제를 무작정 주고 마치도록 지시하는 것보다 해당 과업을 왜 수행해야 하는지, 어떠한 방식으로 수행하는 것이 바람직한지 등에 대해서 체계적으로 미리 안내하는 것이 바람직합니다. "독서는 여러분 인생을 빛나게 해줄 것입니다. 여행은 서서 하는 독서이고, 독서는 앉아서 하는 여행입니다. 독서를 통해서 여러분은 넓은 세상을 만나게 될 거예요. 일주일에 적어도 한 권은 읽기를 권합니다. 구체적인 분량은 여러분들이 각자 정해보도록 해요."

반면 통제적 환경에서는 규칙과 한계의 근거를 알려주지 않고, 무조건 과제를 내어줍니다. 예를 들어서 "앞으로 한 달 동안 무조건 하루에 책 한 권씩 읽고 독후감을 적어오세요."

다섯째, 정보를 담은 긍정적 피드백 vs. 지시에 따르는 것을 칭찬하는 피드백

흔히들 칭찬을 매우 긍정적인 것으로만 생각하지만, 섣부른 칭찬은 도리어 독이 될 수도 있습니다. 왜 칭찬을 받는지도 잘 모르고 칭찬을 많이 받으면 점차로 구성원들은 칭찬에 길들여지고, 점점 더 칭찬을 원하게 됩니다. 더 나아가 칭찬을 많이 할수록 구성원들이 과제 자체에 흥미가 생겨서 과업을 하는 것보다, 칭찬을 바라며 과업을 수행하기도 합니다. 즉, 칭찬이 구성원의 내재적 동기를 침해할 수 있습니다. 그러므로 자율성 지지적 환경을 위해서는 무작정 칭찬하기보다는 "지난 한 달 동안 숙제를 다 하고 놀더니, 과연 성적이 올랐구나." 하는 식으로 보다 구체적인 정보를 담은 긍정적 피드백을 하는 것이 바람직합니다.

반면에 통제적 환경은 지시에 따르는 구성원을 칭찬하는 피드백을 주로 합니다. 이를 통하여 통제적인 환경을 더욱 강화하는 것입니다. "내가 지시한 대로 모든 과정을 정확하게 다 거쳤구나. 잘했다."

여섯째, 진정으로 격려하기 vs. 마감 시간 강조하기

자율성 지지적 환경에서는 "할 수 있어!", "조금만 더 힘내자!" 하는 식으로 구성원들의 과업 수행을 촉진하거나 지속하도록 지지해줍니다. 자율성 지지적 환경에서는 과업 수행에 대해서 평가하거나, 잘못하는 부분을 지적하는 것보다는 진심을 담아서 격려하는 것이 효과적이라고 강조합니다.

반면 통제적 환경에서는 마감 시간을 강조하는 것으로 과업의 수행을 촉진합니다. "자, 이제 딱 3일 남았어요. 5월 20일 3시가 마감이에요."

일곱째, 적절한 힌트 주기 vs. 직접적으로 명확하게 가르치기

구성원들이 수행을 하다가 잘 전개되지 않을 때, CEO, 교수자, 학부모는 문제를 해결할 수 있는 사소한 실마리를 제시합니다. "이 프로젝트를 성공하기 위해서는, 설비 부분의 허수들을 좀 더 집중해서 살펴보면 어떨까?", "영어 공부는 하루에 몰아서 많이 하는 것보다 매일 꾸준히 하는 것이 더 효과적이고, 하루에 3시간 이상 하는 날이 하루 이틀 섞여 있으면 효과가 훨씬 높아진다고 하니, 참고하자." 하는 식으로 실마리가 되는 정보를 주면, 구성원들이 스스로 결정을 내리는 과정에서 도움이 됩니다.

반면 통제적 환경은 지원이 아니라 명확하게 지시를 내립니다. "설비팀의 허수 총 7가지 다 정리해서 이번 주 금요일 5시까지 제출하도록 해.", "영어 공부는 매일 적어도 3시간, 월, 수는 5시간 한다. 그러니까 화, 목, 금, 토, 일은 3시간, 월수는 5시간. 공부할 시간도 정확하게 정해서 노트에 정리해놓았으니 그대로 하면 돼. 공부 시간 완료하면 노트에 표시해서 내게 검사받도록 해. 매일 밤 11시에 내가 검사할 거야!"

여덟째, 구성원들의 질문에 즉각적으로 반응하기 vs. 질문할 기회 자체가 별로 없음

반응response과 허용acceptance은 구분해야 합니다. CEO, 교수자, 학부모들이 구성원의 모든 요구에 허용적일 수도 없고, 그럴 필요도 없습니다. 그러나 반응을 잘하는 것은 매우 중요합니다. 구성원들이 궁금한 것을 질문하면 해당 질문에 대해서 되도록 빨리 즉각적으로 반응해야 합니다. 특히 매번의 질문에 대해서 CEO, 교수자, 학부모들이 반응한 것을 구성원들이 하는 것이 중요합니다. 이때의 반응은 반드시 칭찬일 필요는 없고, 사실에 근거한 명확한 피드백이 바람직합니다.

반면 통제적 환경에서는 질문할 기회 자체를 거의 주지 않습니다. 구성원들은 CEO, 교수자, 학부모들의 지시에 따르기도 바쁩니다.

아홉째, 관점을 수용하는 방식으로 소통하기 vs. 일방적으로 지시하거나 지시에 따르지 않음을 비난하기

자율성 지지적 환경에서는 구성원들과 소통할 때, 우선 구성원들의 관점을 수용해줍니다. 이를테면 출근 시간이 너무 이르다고 구성원들이 불만을 표현합니다. 그러면 다음과 같이 구성원들의 관점을 수용해줍니다. "맞아, 근무시간 계획을 수정할 필요가 있어. 나도 그렇게 생각해."라고 말해줍니다. 그러고 구체적인 사항에 대해서 소통하면, 상호작용이 잘 일어납니다. 반면 통제적 환경에서는 구성원들의 관점 수용에는 관심이 없고, 구성원들이 지시를 잘 따르고 있는지가 주요한 관심사입니다. 그러므로 지시를 따르지 않았거나 불만을 표현하면 이를 부정적으로 비난합니다.

자율성은 주인의식입니다. 내 인생의 주인은 나다, 내가 선택하는 대로 내 삶이 흘러간다고 지각하는 것입니다. 자율성이 충족되었다고 지각할수록 성취가 높아지고, 끈기가 강해지며, 높은 수준의 행복감을 느낍니다. 자기결정성 동기이론이 주는 가장 유익한 도움은 '구조화된' 자율성 지지적 환경입니다. 방임이 아닌 책임 속에서 자율성을 구현하는 방법이지요. 이를 나에게 적용하면 큰 성과가 나오는 선순환의 구조를 이룰 수 있습니다.

LIVE AS MYSELF

Chapter 3

나의 일을 잘 해낼 수 있다고
지각해야 행복하다

유능성

"일과 행복 중 무엇이 우선이냐?"는
잘못된 질문이다

그 어느 때보다도 일과 가정생활, 일과 휴식 시간의 조화에 대한 사람들의 관심이 큽니다. 아기를 키우며 일하는 영 커리어 우먼들은 물론이고, 학부생들도 남녀 모두 종종 제가 일과 가정을 어떻게 꾸려가는지 궁금해합니다. 학생들에게도 곧 닥쳐올 과제이기 때문이지요. 그리고 간혹 "일이 우선인가요? 가정이 우선인가요?"의 의미를 담은 질문을 하는 분들도 있습니다. 하지만 질문 자체가 대단히 잘못되었다고 생각합니다.

왜 우리가 일과 가정 중에서 선택해야 하나요? 세상에 어떤 사람이 자신의 일과 사랑스러운 아이를 바꾸려고 하겠어요? 아이는 내가 일을 하고, 인생을 살아가는 이유이자 목적입니다. 아이를 키우는 일은 세상에서 가장 도전적이고 멋지고 아름다운 일입니다. 그리고 나의 일이 없다면 나는 온전히 행복할 수 없습니다. 일은 나의 행복의 원천입니다. 제가 노력하는 부분은 일이 경험을 풍부하게 해주고, 활기를 채워주어서 가정생활을 더욱 원만하게 하도록 지혜를 발휘하는 것입니다.

물론 때로는 아이의 학예회와 학과의 중요한 행사가 딱 겹치기도 합니다. 아이들이 같이 놀아주기를 기다리는 토요일에 종일 학회가 있기도 합니다. 아이가 매우 어렸을 때, 서투른 엄마인 저는 온종일 아이만 따라다녀도 시간이 모자랄 판이었습니다. 영유아기에 매우 중요한 발달 과정들이 있는 것을 잘 아는 저로서는, 아이의 어린 시절에 되도록 오래 아이들과 함께하고 싶었습니다. 그러나 종신 교수가 되기 위해서 국내외 저널에 논문을 적어도 네다섯 개씩 동시에 투고해놓고, 심사를 받고 있어야 했습니다. 이외에도 각종 회의, 프로젝트, 학회, 면접, 서류심사, 입학식, 졸업식 등등… 꼭 참여해야 하는 일들이 늘 잔뜩 있었습니다. 제대로 아이도 키우고, 일도 하기 위해서 '자신의 즐거움'을 위한 일들은 아쉽지만 거의 모두 가지치기했습니다.

그래도 시간은 늘 부족했습니다. 감사하게도 부모님이 저희 부부의 육아를 정성껏 도와주셨지만, 그래도 저는 아이들이 크는 내내 '아이 돌볼 시간'과 '온전히 나의 일에 집중할 시간'이 늘 아쉬웠습니다. 연구 프로젝트를 할 때 아이들이 다 컸거나 자신의 일만 하면 되는 교수님들과 함께 일을 하다 보면, 아이를 키우는 것도, 일도 어느 것 하나 제대로 하지 못한다는 자괴감이 들기도 했습니다.

하지만 이러한 상황은 흘러가는 과정일 뿐입니다. 영영 이렇게 절박한 상태가 계속되지 않습니다. 생각보다 빠르게 아이들은 자라서 어느덧 아침 8시에 학교에 가면 오후 늦게 귀가하는 때가 옵니다. 끼니마다 집에서 챙겨주어야 했던 식사도 이제는 아이들끼리 훌륭하게 잘 해결합니다. 그리고 저의 일도 예전보다는 자리를 잡아서 자유도가 훨씬 높아졌습니다. 다른 동료들도 비슷합니다. 다른 직종의 친구들도 마찬가지입니다. 종종 어려움이 있지만, 한 걸음씩 앞으로 걸어가면 힘든 시간들이 어느덧 지나가버리고 '보람과 성취'가 남습니다.

오랫동안 국내외에서 일과 가정의 조화는 큰 이슈였습니다. 그리고 종종 일과 가정은 제로섬 관계에 놓여 있는 것으로 전제되어왔지요. 최근 들어 일과 가정의 관계에 대해서, 펜실베니아 대학교의 스튜어트 프리드먼Stewart Friedman 교수가 제시하는 방향은 상당히 설득력이 있습니다. 프리드먼 교수는 일과 가정의 균형balance이 아니라, 통합integration을 추구해야 한다며 토탈 리더십을 제시합니다. 즉 그는 일과 가정, 공동체는 제로섬이 아니라 상호의존적 시스템이며, 이 셋의 유기적 관계가 잘 이루어지면 삶의 질이 올라가고, 업무 성과도 향상된다고 강조합니다.

예를 들어서 미국 전 대통령 존 F. 케네디의 아버지는 사업 중 출장을 많이 다녔는데, 출장을 다녀오면 아이들과 꼭 저녁 식사를 하면서 출장에 대해서 자세하게 이야기해주었습니다. 누구를 만났는지, 그들과 무슨 일을 했는지, 사업에서 발생하는 문제들이 무엇이며 그 문제들을 풀어가는 과정 등에 대해서 솔직하고 자세한 이야기를 나눴습니다. 성장한 케네디 가문 사람들은 다음과 같이 회고했습니다.

온 가족이 저녁 식사를 함께하며, 우리는 바쁘게 밖에서 일하시는 아버지와 아버지의 일에 대해서, 그리고 세상에 대해서 많이 알게 되었다. 아버지가 할리우드에 한 달 넘게 출장을 다녀오시면, 우리는 아버지의 사업 이야기를 들으며 시간 가는 줄 몰랐다. 저녁 식사 시간은 우리 모두에게 큰 학습의 장이었다.

케네디 가문의 예시처럼 일과 가정을 통합하려는 노력을 통해 유기적 상호관계를 만들 수 있습니다. 일이 가족들의 대화를 풍부하게 해줄 수 있고, 가정생활이 일에 영감을 주기도 합니다. 케네디의 아버지 역시 아이들과 나눈 대화가 사업에 큰 도움이 되었을 것입니다.

저도 종종 수업 시간에 있었던 일, 수업 내용을 아이들이 이해할 수 있도록 풀어서 이야기해주려고 노력하는 편입니다.

"오늘 '말하기와 토론' 수업 시간에 C라는 학생이 발표를 참 잘했어. C는 대학입시에 두 번 실패했어. 2년 동안 매일 잠자리에 들 때 벽 천장에 상상으로 그림을 그렸대. 연세대학교 강의실에서 수업을 듣는 자신의 모습을 그리고, 또 그렸대. 오늘 그 형이 발표를 마치면서 마무리 멘트로 '지금 교수님과 학생들 앞에서 제가 발표하는 이 순간이, 제가 꿈에도 그리던 바로 그 순간'이라고 말하는데, 정말 감동적이었어. 모두 크게 박수를 쳤어. 너희들도 C 학생처럼 간절히 바라는 일이 있을까?"

또한 제 아이들이 학교에서 있었던 일을 들려줄 때도 많은 영감을 받습니다.

"엄마, 아이들이 잘못할 때는 따끔하게 한 번 혼내고 끝내는 선생님이 차라리 나아요. 계속 짜증 내는 선생님은 정말 별로예요."

"질문했을 때 선생님이 잘 모르면 그냥 솔직하게 이야기해 주면 좋겠어요. 그러면 우리와 다같이 답을 찾을 수 있거든요. 그런데 애매한 부분이 나올 때 질문하면 선생님이 갑자기 화를 내거나, 질문을 못 들은 척하니까 기분이 안 좋아요."

일이 가족 간의 대화를 풍요롭게 만들어주고, 아이들이 제게 중요한 포인트를 알려주어 연구와 수업을 보다 역동적으로 만들어줍니다.

마찬가지로 몇 해 전, 홍콩의 아트페어에서 만난 세계적인 작가 서도호의 미디어아트 작품 역시 일과 가정의 통합을 잘 다루고 있었습니다. 서도호 작가의 작품은 광대한 아트페어 전시장 안에서도 특히 멋진 공간에 설치되어 있었습니다. 저도 매우 좋아하는 삼청동의 오래된 작은 골목들, 마로니에 공원, 북촌칼국수, 금왕돈까스 등 서울의 정다운 모습들이 서도호 작가의 예술적 시선을 경유해 뛰어난 작품으로 탄생했습니다. 작품의 느낌이 좋아서, 두 번, 세 번 다시 보았습니다.

그런데 그 멋진 작품에서도 가장 인상적인 부분은 서도호 작가의 어린 딸이었습니다. 미디어아트 곳곳에서, 딸이 아빠를 보며 깔깔 웃는 모습이 카메라에 담겨 있었습니다. 그 웃음 덕분에 삼청동과 북촌이 더 인간미 있게, 아름답게 다가왔습니다. 밝고 해맑은 딸의 등장이 세계적인 작가의 작품을 한층 멋지게 살려주었습니다. 이 작가가 얼마나 따뜻한 삶을 살아가고 있는지 다 보이는 듯했습니다. 그 작품은 '일과 가정의 통합'의 정수, 그 자체였습니다.

일과 가정의 통합, 이상적이지만 현실적으로 쉽지 않습니다. 앞에서 든 예시들도 부분적인 예시들일 뿐, 아직은 갈 길이 멀고도 멉니다. 하지만 각자의 상황에서 일과 가정의 통합을 실현할 지점들을 하나둘 지혜롭게 찾아나가면서 조금씩 상황이 나아질 것입니다. 다시 말하지만, 우리의 가족, 아이들이 삶에 주는 의미는 그 무엇과도 바꿀 수 없을 만큼 소중합니다. 그러나 일이 우리에게 주는 기쁨 또한 더할 나위 없이 중요합니다. 나는 물론이요, 나와 일하는 사람들의 가정과 일의 통합을 서로 도울 때 우리는 자신과 주변의 행복을 다함께 향상시켜갈 수 있습니다.

인간은 유능성을 원하는 존재입니다. 호기심과 배우고 싶어하는 성향을 갖고 있습니다. 도전적인 과제를 추구하고, 그 성과에 긍정적인 피드백을 받을 때, 유능성에 대한 욕구가 충족되어 동기가 유발됩니다.[29] 자기결정성 이론에서 강조하는 유능감은 '자신의 주요 과업'에 대한 유능성의 지각입니다.

모든 일을 다 잘해야 한다고 생각할 필요는 없습니다. 현실적으로 가능하지도 않습니다. 이를테면 학생에게는 학업이 핵심 과제일 것이고, CEO에게는 매출 증가가 핵심 과제입니다. 일의 핵심이 잘 수행되어야 우리는 비로소 유능감을 가질 수 있습니다. 핵심은 놓아두고, 언저리만 챙기면 유능감은 향상되지 않습니다.

예를 들어서 CEO가 직원들의 여름 휴가, 기념일, 문화 행사 등등을 잘 챙겨주는데 정작 매출은 신통치 않으면 본질이 흐려지는 것입니다. 이러한 상황에서 이 CEO의 유능감은 채워지지 않습니다. 유능감은 주요 과업의 성공적인 수행과 함께 오는 것입니다.

이를테면 수학 선생님이 하는 일의 본질은 수학 교육입니다. 수학 선생님은 수학을 통해서 학생들과 소통합니다. 수학을 열심히 잘 가르치면 학생들의 존경심은 저절로 올라갑니다. 수학 교육을 열심히 잘 해내는 선생님의 모습을 통해서 인격 교육도 저절로 되는 것입니다. 반면에 아이들에게 상담도 잘해주고 분위기도 잘 띄우는 친구 같은 선생님인데, 정작 잘 가르치지 못한다면 유능감은 바닥을 칩니다.

유능감은 학습동기를 증가시킵니다. 내가 잘할 수 있다고 생각하면 잘하고 싶은 마음이 드는 것입니다. 예를 들어서 캐나다 퀘벡의 고등학생 4,537명을 대상으로 한 연구에서 학생들은 자신의 유능감을 지각한 후, 학습동기는 유의미하게 증가했습니다.[30] 328명의 평균 14세 아동을 대상으로 수행한 연구에서도 학생들이 유능성을 지각할수록 내재적 동기가 향상되었습니다.[31]

제가 중학생 611명을 대상으로 수행한 연구에 따르면, 유능성이 내재적 동기를 향상하고, 학업성취도에도 정적positive 영향을 주었습니다.[32] 또한 저와 동료들이 한국교육개발원의 한국교육종단연구 데이터를 사용해 시간에 따른 기본심리욕구와 내재적 동기 변화의 구조적 관계를 분석한 연구 결과에서도 유능성이 높을수록 내재적 동기가 증가함을 확인했습니다.[33] 해당 연구에서 저와 동료들은 한국교육개발원이 전국 150개 중학교의 2005년 당시 중학교 1학년 학생 6,908명을 대상으로 수집한 종단연구 데이터를 이차 잠재성장모형second-order latent growth model으로 분석했습니다. 이 연구에서는 유능성과 관계성이 둘 다 내재적 동기와 정적인 관계를 나타내지만, 시간의 흐름에 따라서 내재적 동기가 증가함을 나타낸 것은 유능성뿐으로, 중학교 1학년 학생들에게는 유능성이 관계성보다 내재적 동기에 큰 영향을 줄 수 있음을 제시했습니다.

유능성의 지각은 긍정적 정서, 행복감과 성취도를 증가시킵니다. 자율성과 유능성 중, 시간의 흐름에 따른 유능성의 증가가 대학 생활 만족도에 큰 영향을 주는 것으로 발견되었습니다.[34] 해당 연구는 신입생 423명을 대상으로 대학 입학 직후부터 총 3차에 걸쳐서 자율성, 유능성, 대학 생활 만족도를 설문 조사해 이루어졌습니다. 부모와 자녀의 관계는 첫 번째 설문에서만 고려되었습니다.

이 연구는 각 변인의 잠재성장모형을 설정해, 신입생들의 자율성과 유능성이 모두 대학 생활 만족도에 영향을 주는 것을 확인했습니다. 특히 유능성의 경우, 유능성의 초기값보다 유능성의 변화율이 훨씬 강하게 대학 생활 만족도에 정적 영향을 줍니다. 다시 말해서 유능성이 높으면 만족도가 높게 나타나지만, 대학 입학 후 유능성의 향상변화율이 더 중요하다는 것입니다. 유능성의 초기값만큼 유능성의 발전도 중요합니다. 만약 처음에는 유능성의 욕구를 만족시키고 있었으나, 시간이 지나도 유능성이 향상하지 않고, 그 자리에 머물고 있다면 사람들의 생활 만족도는 개선되지 않을 것입니다.

내일부터 한다고 미루기만 하면
정작 일할 오늘은 영영 오지 않는다 _____

J야. 누나가 지금부터 하는 이야기 잘 들어봐. 사실 누나는 미래에서 시간을 거슬러서, 잠깐 너를 만나러 왔어. 내게 허락된 시간은 딱 10분이야. 17세의 너에게 꼭 해줄 이야기가 있어서 어렵게 왔어. 우리 동생, 성공하고 싶지?

성공의 비법은 아주 간단해. 네가 할 일을 곧바로 하면 돼. 내일로 미루지 말고, 지금 당장 그냥 하면 돼. 오늘의 일을 내일로 미루지 마. 그러면 우리 J는 성공할 거야! 꼭 기억해. 누나는 이제 미래로 다시 돌아간다.

이것은 실제로 '말하기와 토론' 수업에서 학부생이 발표했던 내용입니다. 자신은 중고등학교 때 성적이 중위권이었는데 누나는 명문대를 다니고 있었습니다. 그런데 누나가 아무리 타일러도 J가 계속 게으름을 피우자, 어느 날 누나가 진지하게 위와 같은 이야기를 해주었습니다. J는 누나 이야기를 들으면서 '내가 오죽하면 누나가 타임머신 타고 나를 만나러 왔다는 이야기까지 하지?'라는 생각이 들면서, 갑자기 정신이 확 들었다고 해요. 이 후로 '꾸물거리고 미루기'를 중단하고 성적이 쭉 올라갔습니다. 저는 동생을 위해서 타임머신 아이디어를 떠올린 J의 누나, 누나의 이야기를 잘 알아듣고 실행에 옮긴 J, 모두 멋지다고 생각했습니다.

실제로 미루기는 우리가 매우 경계해야 할 행동입니다. 만약 악마가 사람들의 인생을 망치려 든다면, 미루기 전략을 적극적으로 이용할 것입니다. 선배 악마들이 '사람들 인생 망치기 전략 시리즈 1: 미루기의 습관화 전략'이라는 워크숍을 한다면 다음과 같은 주제를 다루겠지요.

"사람들이 아예 일을 안 하게 하는 것은 어려워! 안타깝게도 사람들은 타고나기를 '나는 이 일을 해내고야 말 거야.'라고 결심을 하도록 만들어졌단 말이야. 그러니까 사람들을 망치는 효과적인 방법은 '미루기'로 유인하는 거야. '나는 결코 이 일을 안 하려는 것이 아니야. 그냥 살짝 미루는 거야. 오늘은 쉬고 내일 할 거야!' 이렇게 사람들이 자기 일을 미루기 시작하면, 우리는 완전히 성공한 거야! 사람들은 일을 미룰 때 약간의 자책감만 느끼지. 왜냐하면 일을 안 하는 게 아니고 어디까지나 약간 미루기만 하는 것이니까. 하지만 하루하루 미루다 보면, 영영 원하는 일을 하는 '오늘'은 오지 않는 거야. 그러면 결국 우리는 사람들의 인생을 성공적으로 망칠 수 있겠지."

꾸물거리면서 미루는 습관은 단순히 시간 관리의 문제가 아닙니다. 꾸물거림은 감정 조절의 영역입니다. 독일 보훔대학교의 에르한 겐츠Erhan Genç 교수의 연구에 따르면 미루는 습관이 있는 사람들은 감정 조절에 관여하는 편도체 크기가 다른 사람들보다 컸습니다. 그리고 감정을 조절하고 이성적 판단을 돕는 배측전방대상피질Dorsal Anterior Cingulate Cortex, DACC의 반응이 느렸습니다. 감정을 조절하려면 편도체와 배측전방대상피질의 연결이 중요합니다. 그런데 불안이 높은 사람들은 편도체가 커서 불안 지수가 높은 편이고, 불안을 조절해줄 배측전방대상피질과의 연결이 약해서 감정 조절이 잘되지 않는 것입니다.[35]

다시 말해서 미루기 습관은 시간 관리를 잘 못하는 상태가 아니라, 감정적 교착상태에 빠져서 일을 시작하지 못하는 상태입니다. 일을 미루고 꾸물거리는 원인은 다양합니다. 이 책에서는 20여 년간 꾸물거림, 완벽주의 등을 연구해온 상담심리학의 권위자, 연세대학교 이동귀 교수가 저서 《나는 왜 꾸물거릴까?》에서 구분한 대로, 미루기의 발단을 다음의 5가지 개인 특성으로 나누었습니다. 첫째 비현실적 낙관주의, 둘째 자기비난, 셋째 현실저항, 넷째 완벽주의, 다섯째 자극추구입니다.

우리가 일을 미루는 이유

첫째, "난 노력 안 해도 무조건 잘돼야 해!"

비현실적 낙관주의unrealistic optimism입니다. 비현실적 낙관주의는 세상을 살아가는 데 긍정성이 지나쳐서, 자신이 부정적인 사건을 경험할 확률이 다른 사람들보다 현저히 낮을 것이라고 적절한 근거 없이 믿는 태도입니다. 적절한 낙관주의는 사람들을 긍정적으로 만들어주고, 다른 사람들에게도 너그럽게 대할 수 있도록 해줍니다. 그래서 낙관주의자들은 대체적으로 인간관계가 원만하고, 어디서든 적응과 성장도 잘 해나갑니다. 낙관주의자들은 어려움 속에서도 상황을 긍정적으로 바라보며 잘 적응하고 극복해나갑니다. 그러나 모든 일이 그렇듯이 낙관주의도 도를 넘어서면 독이 됩니다. 낙관주의가 지나치면 자신이 다 잘될 것이라고 굳게 믿으며, 도통 노력을 하지 않는 경우도 있습니다.

둘째, "나는 왜 이 모양이지? 정말 쓸모없는 사람이야"

자기비난self-criticism입니다. 자기비난은 완벽주의 성향과 관련이 깊으며, 자신을 부정적으로 평가하고 판단하는 것입니다. 완벽주의 성향은 스스로 높은 기준을 세워놓고, 자신이 세운 높은 기준을 달성하지 못하고 실패할까 봐 스스로를 비난하는 경향을 말합니다. 완벽주의 성향을 가진 사람들은 종종 자신감이 낮고, 자신이 실패할까 봐 두려워서 아예 과업을 시작하지 못하거나 마무리를 못합니다. 자기비난을 하는 사람들은 스스로가 하는 일에 대해서 죄책감을 갖습니다. 다시 말해서 꾸물거리는 자신의 모습이 실망스러워서 스스로를 심하게 책망합니다. '나는 주어진 일을 제대로 해내지 못하는 사람이야. 모두에게 민폐야.' 이런 식으로 자신에 대해서 생각하는 경향이 있습니다. 《어린왕자》에 나오는 술주정뱅이가 '술 마시는 자신의 모습이 부끄럽다는 걸 잊기 위해 술을 마신다.'는 것과 마찬가지입니다. 이러한 과정에서 점점 움츠러들고, 자괴감, 우울감이 듭니다. 그래서 점점 더 일을 미루게 됩니다. 일을 미룰수록 자기비난은 심해지고 악순환이 이어집니다.

셋째, "네가 나에게 강제로 일을 시키니까, 짜증이 나서 더 하기 싫어! 내가 왜 너의 말대로 이 일을 해야 하지?"

현실저항resistance to reality입니다. 현실저항은 자율성을 침해받았다고 지각하여 주도권을 되찾기 위해 의도적으로 일단 일을 미루는 것입니다. 이때에는 합리적 판단, 차가운 인지cool cognition가 아니라 뜨거운 인지hot cognition가 작동하는 상태입니다. 뜨거운 인지는 감정이 이성을 압도하는 상태를 말합니다.[36] 그러면 잠시 자신이 주도권을 가진 듯한 착각이 가능합니다. 하지만 현실저항의 결정적인 문제는 일단 미루기는 했지만, 본질적으로 자율성을 확보한 것이 아니라는 점입니다. 더군다나 꼭 해야 할 일이어서, 잠시 일을 미루었을 뿐 결국 마감시간에 맞추어서 허둥지둥 일을 마쳐야 합니다. 그래서 시간이 지날수록 점점 더 강한 자괴감이 들 뿐입니다. 자신이 미루기를 하고 있다면, 혹시 현실저항으로 잠시 임시방편을 마련하고 있는 것은 아닌지 되돌아볼 필요가 있습니다.

넷째, "나는 완벽하게 나의 과업을 해내고 싶어. 그런데… 만약 실패하면 어떻게 하지? 실패가 두려워…"

완벽주의 성향입니다. 빈틈없이 준비가 철저한 완벽주의자들은 하고 싶은 것도 많고, 해내야 할 일도 많습니다. 완벽주의 성향은 크게 2가지로 분류가 가능합니다. 첫 번째는 스스로 매우 높은 기준을 세우고, 이 목표를 달성하려고 노력하는 부류입니다. 두 번째는 자신의 성과 혹은 성취에 대해서 지나치게 염려하고 실수하는 것을 두려워하는 부류입니다.[37] 완벽한 성과는 누구나 바라는 일입니다. 우리가 완벽을 선호하는 것 자체는 흠이 될 수 없습니다. 다만, 이미 존재 자체가 완벽할 수 없는 것이 인간인데, 스스로 '완벽해야 한다.'는 비합리적 신념을 갖고 자신을 몰아간다면 그것은 큰 문제입니다.

완벽주의 성향은 자칫 좌절, 자기비하, 자기비난, 자기패배 등으로 이어지기 쉽습니다. 이와 같은 부정적 감정 속에서 사람들은 자신도 모르게 '미루기'를 하게 됩니다. '완벽해야 한다. 그래야 나는 가치가 있다.'는 잘못된 신념을 버려야 합니다. 대신에 '잘하고 싶다. 열심히 하면 잘할 수 있다. 일단 시작하자!'는 태도로 일을 대하면 훨씬 더 일하는 과정을 즐기며 훌륭한 성과를 낼 수 있을 것입니다.

다섯째, "가슴이 뛰지를 않아서 하고 싶지 않아"

자극추구 성향입니다. 시작은 언제나 설레는 일입니다. 새로운 일을 시작할 때는 모두들 의욕적입니다. 그런데 자극추구 성향이 강한 사람들은 보통 사람들보다 훨씬 빨리 새로운 일에 지루함을 느낍니다. 특히 자신이 수행한 일의 성과가 잘 나타나지 않으면 매우 빠르게 시도를 포기합니다. 처음의 설렘은 곧 사라지고, 호기심을 끄는 새로운 일을 찾아서 나서게 됩니다. 그러한 과정에서 애초의 과업을 미루게 됩니다.

성과가 잘 안 나타나고, 익숙해져서 지루한 상황을 조금만 더 견디면 다시 새로운 도전이 나타나고, 일이 다시금 흥미로워지는 시점이 옵니다. 그러나 자극추구 성향이 강한 사람들은 이러한 단계까지 도달하기가 힘듭니다. 새로운 차원의 성취를 이루기 전에, 애초의 과업을 포기해버리기 때문입니다. 하지만 다시 잘 생각해보면, 설렘이 전부는 아닙니다. 시간이 지나면서 우리에게 익숙해지는 것은 지루함이 아니라 성숙함이고, 숙성된 깊이입니다. 설렘을 넘어서서 지루함을 견디고 앞으로 나아가면, 보다 깊은 수준의 성취와 이해 속에서 우리는 쑥쑥 성장하는 멋진 나, 새로운 나와 만날 수 있습니다.

미루기는 미루기를 불러옵니다. 한 번 미루면, 할 일이 쌓여서 그다음은 도저히 일할 엄두가 나지 않습니다. 한 번, 두 번, 미루다 보면 어느덧 눈덩이처럼 할 일이 많아집니다. 그래서 공부 잘하는 아이들은 계속 공부할 것이 많은데, 공부를 열심히 하지 않는 아이들은 막상 공부할 것이 별로 없습니다. 왜냐하면 미루어놓은 일이 너무 많으면 할 일이 산더미처럼 쌓여 있어서, 도대체 무엇부터 어떻게 해야 할지 모르는 상태가 됩니다. 그래서 공부를 안 하는 학생들은, 열심히 하는 학생들보다 공부할 것이 적습니다. 성적이 좋지 않은 학생들이라고 해서 '나는 절대로 공부를 안 할 거야.' 이런 결심을 하는 것이 전혀 아닙니다. 엄두가 나지 않아서, 공부를 할 수 없기 때문에 못하는 것입니다. 공부처럼 다른 일들도 마찬가지입니다. 살짝 미룬 일들이 모여서 나중에 엄청난 무게로 우리를 압박하게 됩니다. 미루기가 미루기를 낳아서 포기를 가져옵니다. 미루기는 그야말로 재앙입니다.

이미 미루어서 일이 쌓여 있다면, 이러한 때일수록 우리는 무조건 일단 일을 '시작'해야 합니다. 공부가 나의 과업이라면 무조건 일단 책상 앞에 앉아서 공부를 시작합니다. 운동하기로 결심했다면 일단 운동복을 입고 무조건 밖으로 뛰어나갑니다. 반도체 회사에서 일한다면 책상에서 궁리만 할 것이 아니라 현장으로 직접 나가보아야 합니다.

일단 일을 시작하면 작은 성과들이 생기고, 성과가 성과를 낳아서 어느덧 일의 진행이 제대로 이루어지는 순간이 옵니다. 이렇게 일이 진도에 맞추어서 나아갈 때 행여나 하루 이틀 다시 일을 미루지 않도록 조심해야 합니다. 미루기가 미루기를 낳아서, 행여나 미루기가 나의 행동의 패턴이 되지 않도록 주의해야 합니다.

행동주의 심리학자들이 권하는 효과적인 방법 중 하나는, 나의 목표들을 잘게 세분화해서 작은 성공을 거듭하는 일입니다. 작은 목표를 달성하여 작은 성공을 이루면 그 작은 성공들이 앞으로의 행동에 긍정적인 촉매자 역할을 합니다. 성공은 다시 성공을 낳는 선순환이 계속됩니다. "일단 하고 보라Just Do It!"는 나이키 광고 카피는 명언입니다.

일을 놀이처럼 즐겨서 행복하다고!

저는 연구가 너무 재미있어서 하루도 쉬지 않고 연구를 합니다. 연구보다 더 재미있는 일이 내게는 없어요. 어떨 때는 연구를 하면서 너무 재미있어서 혼자 깔깔대고 소리 내서 웃기도 합니다.

– 노벨 경제학상 수상자 대니얼 카너먼

저는 밤에 자는 것이 너무나 아까웠습니다. 어서 회사에 가서 일을 하고 싶었습니다. 해가 뜨기도 전에 일어나서 회사 갈 준비를 하면서 신이 났어요.

– 현대그룹 창업자 정주영 회장

점심은 거의 교내 식당에서 먹습니다. 사람들이 많이 오는 시간을 피해서, 1시 30분쯤 가서 점심을 먹습니다. 거의 정해진 자리에 앉아서 먹어요. 연구 이외의 다른 것에 신경을 쓰고 싶지 않아서요. 주로 혼자서 먹어요. 혼자서 점심을 먹으면서 연구 아이디어를 생각하는 것이, 타인들과 이야기를 나누면서 식사하는 것보다 훨씬 더 좋거든요.

– 물리학과 교수 D

이 예시들은 '일을 놀이처럼 즐겨서 행복한' 예시입니다. 일이 놀이요, 놀이가 일이 되면 당연히 일하는 것이 즐겁습니다. 학교와 직장에서 공부하고 일하며 보내는 시간이 길기 때문에 자연스럽게 행복감이 쑥쑥 높아집니다. 연구에 따르면 사람들이 일하면서 가장 힘든 상황은 일이 많을 때가 아닙니다. '일 같지도 않고 놀이 같지도 않은 어정쩡한 것'을 수행할 때입니다. 절대적인 일의 양이 우리를 힘들게 하는 것이 아닙니다. 어정쩡한 것, 역할 갈등, 이러한 것들이 우리를 힘들게 합니다.

직장에서 가장 힘든 그룹은 제일 열심히 일하는 그룹이 아닙니다. 제대로 일하지 않고, 그렇다고 제대로 놀지도 못하는 '어정쩡하게 일하는 그룹'입니다. 고등학교 3학년 교실에서 가장 힘든 사람은 하루에 4~5시간만 자면서 공부에 집중하는 그룹이 아닙니다. 밤잠을 아껴가며 열심히 일하거나 공부하는 사람들은 과업에 몰두하는 과정 자체에서 수준 높은 성취감과 행복감을 느낍니다. 그러나 어정쩡한 그룹은 애매하게 버티느라고 힘이 들고, 성과가 없으니 기가 죽어서 또 힘이 듭니다.

청소년기에 어정쩡하게 사는 습관이 생기면, 장기적으로 자신의 삶도 같은 방식으로 운영됩니다. 장기적으로 어정쩡하게 사는 습관이 붙은 사람들은 그다지 재미도 없고, 성과도 없는 삶을 살게 됩니다. 결국 이런 사람들은 자신의 삶에서 의미를 발견하기 어렵습니다. 칙센트미하이가 강조하듯이 이 순간 여기에서 집중하는 자세로 일에 몰입할 때, 삶의 순간순간에 충분히 몰입할 때 우리는 진정으로 행복합니다.[38] 같은 맥락에서 뇌과학자 김대식 교수도 삶의 순간순간을 강조하며 《김대식의 빅퀘스천》에서 다음과 같이 비틀즈의 존 레논을 인용합니다. "인생이란 네가 삶의 의미를 추구하는 동안 흘러 없어지는 바로 그것이란다 Life is what happens to you while you're busy making other plans."

칙센트미하이의 몰입에서도, 자기결정성 이론에서도 제시하듯이, 우리는 몰입할 때에 스스로의 유능감을 지각하고 행복을 느낍니다. 자기결정성 이론의 기본심리욕구 중 하나인 유능감을 지각하면 우리는 제대로 성장하고, 행복합니다. 이와 같은 몰입에 빠지는 순간이 일을 놀이처럼 즐기게 되는 순간입니다.

일을 놀이처럼 즐기게 되면 신나고 행복합니다. 밤에 잠자는 시간이 아까울 만큼 내일이 기대됩니다. 누구나 원하는 상태입니다. '어떻게 일이 놀이가 될 수 있겠어? 일은 일이고, 놀이는 놀이지.'라고 생각하기 쉽습니다. 하지만 자신의 분야에서 전문가로서 활약하는 사람들, 최고라는 소리를 듣는 사람들은 대부분 일을 놀이처럼 즐기는 사람들입니다. 일을 놀이처럼 즐긴다고 해서, 그들에게 일이 늘 도파민을 폭발시켜주는 것은 아닙니다. 그들에게도 종종 자신의 일이 고달프기도 하고, 힘들기도 합니다. 하지만 일을 놀이처럼 즐기는 사람들은 힘이 들 때도 본질적으로 그 고통마저도 즐기는 마음을 갖습니다. 이를테면 글쓰기를 놀이처럼 즐기는 작가는 글이 잘 써지지 않아서 괴로운 중에도 그 일을 즐깁니다. 비록 종종 글쓰기가 힘들고 괴로워도, 틈만 나면 글을 쓰면서 그 어려움에 도전합니다.

일을 놀이처럼 즐기게 되려면, 이 책에서 다루는 많은 요인이 같이 작동해주어야 합니다. 그렇지만 그중에서도 가장 중요한 것은 우리가 '일을 놀이처럼 즐기며 하겠다고 선택하는 것'입니다. 이러한 기반 위에서 동기에 대한 연구들을 기반으로 일을 놀이처럼 하는 자신만의 방법들을 하나씩 개발해나간다면, 우리는 일을 놀이처럼 즐길 수 있는 행복한 나로 조금씩 변화해나갈 수 있습니다.

몰입을 통한
끈기의 힘

몰입 이론을 제시한 미하이 칙센트미하이가 든 몰입의 예시들입니다.

"일단 춤에 열중하면 저 자신이 마치 둥둥 떠다니는 듯한 기분을 느끼게 됩니다. 춤을 추고 있으면 몸의 느낌이 최고가 됩니다. 동작이 내 마음대로 되면, 열기에 들뜬다고 해야 하나… 무아지경에 빠지게 됩니다."[39]

"제가 좋아하는 미술 작품들을 볼 때면, 저는 아주 낯선 반응을 보입니다. 단순한 흥분감만이 아니라, 그냥 배라도 한 대 얻어맞은 듯한 느낌이 들어요. 속도 울렁거립니다. 완전히 압도당하는 것 같은 그런 느낌이에요…. (…) 일단 진정하고, 그림을 차분히 바라봅니다. 그래서 그림의 뉘앙스, 모든 선 하나까지 잘 이해하게 되면, 그다음에는 큰 충격이 옵니다. 지적으로도 큰 전율을 느낍니다."[40]

몰입은 현재 하는 일에 심취해 시간이 흐르는 것도, 나 자신도 의식하지 못하는 무아지경의 상태를 가리킵니다.

청소년 테니스 선수들은 매일 6~7시간씩 훈련합니다. 대회를 앞두고는 더 많이 훈련합니다. 피아니스트들도 하루에 10시간씩 연습하는 사람이 수두룩합니다. 학자들은 연구를 시작하면, 끝도 없이 그 논문에 집중합니다. 오늘 할 분량을 다 했으니, '오늘은 여기에서 끝'이 아닙니다. 그 논문을 저널에 투고할 때까지 계속해서 논문을 쓰고 수정하고 또 쓰기를 계속합니다. 많은 경우 오랜 시간 매달려서 논문을 작성한 후에도, 최종 마무리 단계에서는 며칠씩 거의 잠을 제대로 자지 못하고 논문을 마무리합니다. 칙센트미하이의 몰입의 예시에서도 나오듯이 화가들 역시 그림을 마무리하는 즈음에는 제대로 먹지도, 자지도 않고 물만 마시면서 그림을 그립니다.

이들의 시작점은 다 달랐을 것입니다. 어떤 사람은 테니스가 그냥 좋아서 치기 시작했을 것이고, 어떤 사람은 유명해지고 싶어서 시작했을 수도 있습니다. 어떤 사람은 피아노 소리가 너무 좋아서 피아노를 시작했을 것이고, 어떤 사람은 대학에 들어가려고 피아노를 시작했을 수도 있습니다. 그러나 과업을 순수한 마음으로 시작했건 외적인 필요로 시작했건 후일에 누가 시키지 않아도 몇 날 며칠 동안 테니스를 치고, 피아노를 칠 수 있는 사람은 그 활동에 푹 빠진 것입니다. 누가 알아주지 않아도,

그냥 좋아서 하는 상태에 다다른 것입니다.

이와 같은 몰입은 과제의 난이도와 자신의 역량이 적절하게 잘 맞아떨어질 때 가능합니다. 과제가 역량에 비해 너무 어려워도, 너무 쉬워도 몰입에 빠지기 어렵습니다. 너무 어려워 보이면 엄두가 안 나서 의욕을 잃어버립니다. 너무 쉬우면 시시해서 지루합니다.[41] 성과를 높이고 싶다면 적절하게 도전적인 과제를 수행하는 것이 바람직합니다.

몰입감을 확 올리려면 자율성이 필요합니다. 자율성을 기반으로 과업을 제대로 선택하면 몰입이 이루어질 확률이 높아집니다. 일단 몰입이 이루어지면 말 그대로 사람들은 밤잠을 자지 않고 일에 매달립니다. 오랫동안 끈기 있게 일하는 사람은 아무도 못 당합니다. 집중해서 투입한 시간에 비례해 성과가 나타납니다. 집중해 공부한 시간은 성적 예측의 결정적인 변인입니다. 과업에 집중한 시간이 곧 나의 성공을 예측하는 강력한 변인입니다. 유능성을 지각하면 몰입하기 쉽고, 그를 통해 끈기 있게 높게 성취해나가면 또 유능성을 지각하게 되는 선순환을 타게 됩니다.

"저 사람은 일만 하면서 무슨 재미로 살지?"

이런 소리가 저절로 나올 만큼 일을 열심히 하는 사람들이 주변에 더러 있습니다. 전혀 그들의 재미를 걱정하지 않아도 됩니다. 그들은 이미 몰입의 무아지경에서 그 누구보다도 수준 높은 행복감을 느끼며, 보람차게 살고 있습니다. 게다가 나중에 홀

룡한 성과를 만들어서 주변 사람들로부터 흐뭇하게 인정과 존경을 받게 될 것입니다. 자신의 일을 즐기며 정성들여 하는 사람들은 건강한 유능감을 지각하며, 자신감을 갖고 자신의 삶을 주도적으로 살아갈 수 있어서 행복합니다.

성과는 가끔 지각하지만 결코 결석하지 않습니다

열심히 일한다고 해서 곧바로 많은 걸 성취할 수는 없습니다. 이번 달에 공부를 열심히 했다고 곧바로 시험을 잘 볼 수는 없습니다. 성취에 영향을 주는 요인은 매우 다양합니다. 열심히 일하는 것은 성과를 높이는 핵심 요인이지만, 그것만으로는 모든 것이 충족되지 않습니다. 사업을 열심히 했지만, 국제 정세로 환율이 급변해서 앉은 자리에서 막대한 손해를 보기도 합니다. 역으로 환율 덕분에 기대보다 훨씬 큰 이득을 보기도 합니다. 시험도 그렇습니다. 공부를 열심히 했지만, 생각보다 성적이 오르지 않거나 성적이 내려가기도 합니다. 반면에 이번에는 그다지 공부를 열심히 하지 않았는데 출제자의 의도를 잘 파악했다든가, 공부 막판에 한번 훑어본 내용이 시험에 나왔다든가 하는 식으로 운이 좋아 시험을 잘 보기도 합니다.

그렇지만 확실한 것은 일관되게 꾸준히 열심히 하는 사람들은 시간이 걸릴 수는 있지만 장기적으로 자신의 노력에 걸맞는 훌륭한 성과를 거둔다는 것입니다. 이를테면 계속 열심히 공부하면 곧바로 성과가 없다고 해도 장기적으로 반드시 성과가 나타납니다.

어느 날 제 조교가 이런 이야기를 해서 제가 조교의 통찰력에 깜짝 놀란 적이 있습니다. "제가 친구들을 쭉 보니까, 결국은 다 제자리를 찾아서 가는 것 같아요. 저희 중학교 때 늘 열심히 공부하고, 전교 1등만 하던 A가 있었어요. 그런데 당연히 A가 붙을 줄 알았던 외고에 합격하지 못했어요. 하지만 A는 일반고에 입학해서도 계속 열심히 공부했어요. 결국 A는 본인이 원하던 Y대에 입학했어요! 저희 동기들이 다 그랬어요. 시간이 걸릴 수는 있지만, 결국 세상 일이 다 제자리 찾아서 가는 것 같다고요."

조교의 말이 맞습니다. 실패해도 실망감에 주저앉지 않고 계속 열심히 하면 결국 노력한 만큼의 성과를 얻게 됩니다. "성과는 가끔 지각하지만, 절대 결석하지 않습니다." 이것을 제가 그래프로 나타내보았습니다. 노력해도 도리어 성과가 내려가는 듯 보이는 순간들이 있지만, 일희일비하지 말고 꾸준히 하면, 결국은 성장세를 그리는 것이 우리의 삶입니다. 그리고 무엇보다도 꾸준히 나의 일을 해나가는 과정에서 이미 우리는 충분히 행복합니다.

다음 장의 그래프에서 보이듯이 노력과 성과는 정적 관계를 갖습니다. 노력할수록 성과는 올라갑니다. 하지만 흔히 우리

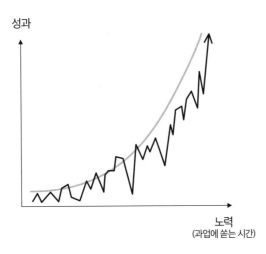

▲ 노력과 성과의 정적 관계

가 기대하는 것처럼 노력의 총량이 그만큼의 성과와 정비례하지는 않습니다. 그러나 열심히 노력할수록 결국 훌륭한 성과가 나옵니다. 그 방향성은 확실합니다. 그러니 성과가 나오지 않는다고, 지레 포기하고 주저앉지 않으면 성과를 거둘 수 있습니다. 한두 번의 실패에 섣불리 실망하지 말고, 꾸준히 하는 것이 중요합니다. 또 한두 번 잘 나간다고 해서 우쭐대는 것도 금물입니다.

본질적으로 성취나 성적은 부산물에 지나지 않습니다. 노력이 성과로 이어지는 전체 과정이 소중하고 의미 있습니다. 너무 결과에 매달리면 도리어 결과도 좋지 않습니다. 결과에 매달리면 뇌의 변연계가 활성화되어 불안하고 초조해집니다. 그러면 집중력이 낮아지고 판단력도 흐려져서 역량을 충분히 발휘하지 못합니다. 자신도 모르게 회피 전략을 사용하게 됩니다. 역량보다 높은 수준의 도전적인 과제를 피하려고 합니다. 자칫 문제 해결에 실패하면 결과가 나빠지니까요. 도전적인 과제를 두려워하면 발전은 없습니다.

성장하지 못하면 현재에 멈추는 게 아니라 퇴보하게 됩니다. 다른 사람들은 앞으로 나아가고 성장하기 때문입니다. 사람은 자신과 외로움의 크기가 비슷한 사람에게 끌립니다. 다시 말해서 두 사람이 만나서 마음이 통할 때는 가치관은 물론이고, 고통의 수준도 서로 맞는 것입니다. 그런데 시간이 흐르면서 한 사람은 고통을 극복하고 쑥쑥 성장하는데, 상대방은 과거의 고통에 그대로 머물러 있으면 어느 순간부터 두 사람은 잘 통하지 않습니다. 그러면 자연스럽게 관계는 멀어집니다.

부부 관계도 마찬가지입니다. 젊은 시절 만나서 사랑에 빠졌을 때는 서로 마음도 맞고, 대화도 잘 통했을 것입니다. 어떤 부부는 결혼하고 내내 서로가 서로의 베스트 프렌드이자 멘토가 되어주며 함께 성장합니다. 그러면 연애 초반의 설렘이 서서히 가라앉아도, 새로운 의미의 성숙한 만남, 깊이 있는 만남이 시작됩니다. 반면 어떤 부부는 결혼 이후 한쪽은 마음을 열고 성장해가는데, 다른 한쪽은 마음을 닫고 과거에 머물면서 자기연민에 빠져서 상처를 자가 증폭합니다. 이러한 커플은 세월이 흐르면서, 더는 마음이 통하는 소울메이트가 아니게 됩니다. 성장이 멈추어 마음도 사고도 꽉 막힌 그 사람은 예전에 나와 마음이 통하고, 말도 잘 통하던 그 사람이 더는 아니기 때문입니다. 어느 사이 두 사람의 공통 지점이 너무 작아지거나 아예 없어집니다.

상처받거나 실패해도, 다시 도전하고 역경을 딛고 일어서기 위해 노력하는 과정에서 우리는 성장합니다. 그 과정은 때로 고통스럽지만, 치열하고 아름답습니다. 과정을 즐기면 행복하게 성취할 수 있습니다. 지나치게 성과에 매달려서 살면 나 자신이 너무 초라해집니다. 결과에 매달리면 늘 전전긍긍할 수밖에 없습니다. 그래서 '노력은 하되 결과는 부산물로 생각하기'와 같은 자세가 필요합니다.

이와 관련해 캐롤 드웩 교수가 제시하는 성장 마인드셋과 고정 마인드셋을 생각해볼 수 있습니다. 캐롤 드웩 교수에 따르면, 일부 사람들은 인간의 지능이 고정적이라고 믿습니다. 이들은 인간의 발전 가능성을 믿는 대신에, 지능은 바꿀 수 없는 것이라는 '실체이론entity theory'을 주장합니다.[42] 고정 마인드셋을 가진 사람의 문제는 한 번 실패하면, 자신이 실패자 카테고리에 들어갔다고 생각한다는 것입니다. 인간의 능력은 정해져 있고, 바꿀 수 없다고 믿는 이들에게 실패자 카테고리에 드는 것은 재앙입니다. 이들은 자신이 회복 불가능하다고 생각하고 좌절에 빠집니다. 그리고 세상이 자신의 실패로부터 사실 자신이 지능이 낮은 사람이라는 것을 알아챌까 봐 전전긍긍합니다. 지능은 고정된 것이라고 믿으니까요. 인간의 발전 가능성을 믿지 않는 고정 마인드셋의 사람들은 결과만 중시하며, 이러한 방식으로 자신을 하강 곡선으로 몰아갑니다.

　　반면 성장 마인드셋의 사람들은 노력으로 얼마든지 인간의 지능이 발전할 수 있다고 믿습니다. 이는 곧 지능의 발달이론 incremental theory으로 연결됩니다. 이들은 노력하면 실력이 향상될 것이라고 믿기 때문에 노력할 수 있습니다.[43] 그래서 도전의 결과가 어떻게 되든 새로운 것, 도전적인 것을 배우는 데에 초점을 둡니다.[44] 이들은 발전을 위해 현재 자신의 역량을 넘어서는 어려운 과제에 도전해서 역량을 향상하는 데 초점을 둡니다. 뇌과학적 측면에서 보더라도, 새로운 것에 도전하는 사람들의 뇌는 새로운 자극을 반복적으로 받으면서 뇌 신경세포 간의 연결 네트워크를 활성화하고 발전합니다. 새로운 정보를 처리하기 위해 신경세포 간의 연결 구조에 변화가 생기는 원리는 '함께 활성화되는 신경세포들은 함께 연결된다Fire together, Wire together.'라는 말로 설명됩니다.

뇌가소성은 곧 성장 마인드셋과 그대로 통하는 개념입니다. 현대의 뇌과학 연구들이 증명한바, 지능은 변화합니다. 그러니 자신의 발전 가능성을 믿고 앞으로 나아가야 합니다. 한 번 한 번의 결과에 너무 연연할 필요가 없습니다. 도전을 통해서 배우고, 성장하며 앞으로 나아가야 합니다. 그리고 그 과정을 훌륭한 경험으로 여기며 즐기려는 태도가 필요합니다. 이는 우리의 선택에 달려 있습니다.

유능성 향상
전략 10가지

인간은 누구나 능력 있는 사람으로 인정받기를 원합니다. 역사적으로 유능성에 대한 연구는 내재적 동기와 관련해 이뤄졌습니다. 하버드대학교의 로버트 화이트Robert White, 덴버대학교의 수잔 하터Susan Harter의 효율동기effectance motivation 이론으로부터, 스탠퍼드대학교의 앨버트 반두라Albert Bandura의 자기효능감 이론, 시카고대학교의 미하이 칙센미하이의 출현동기 이론과 몰입 이론, 로체스터대학교의 에드워드 데시와 리처드 라이언의 자기결정성 이론까지 이어져 내려오면서 유능성은 내재적 동기를 발현시키기 위한 핵심 개념으로 다뤄지고 있습니다.

유능감은 기본적으로 자신을 둘러싼 환경과 효과적으로 상호작용할 수 있다는 지각입니다. 사람들은 자연발생적으로 자신의 발달에 적절한 수준의 도전을 찾습니다. 유능성에 대한 욕구는 자신의 능력을 발전시키고 확장시켜서 만족감을 느끼기 위한 것입니다. 유능성을 높이는 것은 내재적 동기를 향상시키는 것과 직접 관련이 큽니다. 유능성이 높은 사람은 과업에 대한 의욕이 높아져서, 과제 수행에 지속력이 생기고, 결과적으로 성취도와 행복도도 향상됩니다. 유능성은 절대적인 역량이라기보다 특정 맥락에서 스스로 지각하는 것입니다.

첫째, 긍정적 정서 향상하기

긍정심리학 연구의 대가인 노스캐롤라이나대학교 바바라 프레드릭슨Barbara Fredrickson 교수가 제시한 '확장과 유지이론broaden and build theory'에 따르면 긍정 정서를 경험하면 사람들은 창의적으로 의사결정하고, 좋은 관계를 형성하며, 학습동기도 향상됩니다. 특히 긍정 정서 속에서 사람들의 행복도가 증가하고, 이는 성취도의 향상으로 이어집니다.[45] 또한 긍정 정서는 미래를 낙관적으로 예측하도록 돕습니다. 이와 같은 낙관성은 비관적인 생각, 부정 정서 등을 떨쳐버리고 유능감을 갖게 해줍니다. 이러한 긍정성은 상향적 상승효과인 나선형 상승효과upward spiral effect를 가져옵니다. 다시 말해서 긍정적 정서는 사람들의 사고와 행동을 확장시키고, 또다시 확장된 사고와 행동이 사람들의 긍정적 정서를 향상시킵니다. 이와 같은 긍정적 정서를 향상시킬 수 있는 방법은 다양하지만, 여기서는 효과적으로 긍정적 정서를 향상시키는 것으로 알려진 명상과 운동에 대해서 살펴보도록 하겠습니다.

《사피엔스》,《호모데우스》를 쓴 역사학자이자 예루살렘 히브리대학교 교수인 유발 하라리는 명상을 통해 긍정 정서를 향상시키며 하루를 시작합니다. 그리고 명상으로 하루를 마무리합니다. 유발 하라리 교수의 명상 루틴은 긍정 정서를 향상시키는 데에 매우 효과적입니다.

유튜브 구독자 수 650만 명을 넘고, 인스타 팔로워 730만 명을 기록하는 스탠퍼드대학교의 뇌과학자 앤드류 휴버맨 교수도 명상을 통한 긍정적 정서의 향상을 강조합니다. 휴버맨 교수는 명상을 하면 전전두엽이 활성화되어서 긍정적 정서가 향상되고, 집중을 더욱 잘하며 충동을 억제하게 된다고 강조합니다. 명상을 하면 우리의 뇌가 재구조화되어서 새로운 신경연결망을 생성하여 뇌가소성이 증가합니다. 또한 명상은 변연계의 활성화를 억제시켜서 불안감과 공포심을 감소시켜주고, 긍정적인 정서를 향상시킵니다.

특히 앤드류 휴버맨 교수는 아침에 일어나서 햇볕을 쬐면서 걷는 것을 강조합니다. 햇볕 아래에서 걸으면 적정 수준의 코르티솔이 방출됩니다. 오전에 코르티솔이 방출되면 멜라토닌 방출의 타이머가 시작되는 효과를 가져옵니다. 즉, 오전의 산책이 밤에 잠들기 위한 타이머를 맞추어놓는 것과 같은 효과를 갖기에,

우리는 오전에 걸으면 밤에 훨씬 깊이 수면을 취할 수 있습니다.

게다가 걷기에 더해서 뛰기까지 하면 해마의 성장이 촉진됩니다. 해마는 기억과 학습을 담당하는 뇌의 영역입니다. 다시 말해서 뛰기를 하면 우리의 뇌는 더욱 잘 기억하고 효과적으로 학습합니다. 또한 뛰기는 뇌가소성을 강화시켜서 보다 효과적으로 학습하고, 문제 해결을 할 수 있도록 도와줍니다. 특히 뛰기는 엔도르핀 호르몬을 방출해서 사람들이 더욱 긍정적이 되도록 해줍니다. 또 코로티솔 호르몬을 억제하여서 만성적인 스트레스와 불안을 감소시켜줍니다. 즉, 뛰기는 우리의 긍정적 정서와 인지적 기능을 향상시켜주고, 불안 등의 부정적 정서는 감소시켜줍니다.[46] 따라서 아침에 일찍 일어나서 명상을 하고 걷기와 뛰기를 하면 자신의 일에 더욱 잘 집중할 수 있습니다. 그리고 밤에 숙면할 수 있습니다. 숙면하게 되면, 다시 아침에 일찍 일어날 수 있고 더욱 효과적으로 명상과 운동을 할 수 있습니다. 이러한 과정 속에서 긍정적 정서는 점점 더 향상되고, 우리는 더욱 큰 유능감을 갖게 됩니다.

둘째, 자율성 끌어올리기

자율성을 지지하면 유능성도 함께 향상됩니다. 자율성이 증가하면서 부정적인 분위기가 줄어들고, 내적인 동기가 우러나옵니다. 자율성과 유능성 사이에 긍정적인 피드백 루프가 형성됩니다.[47] 이를테면 특정 과제를 할 때 스스로가 과제의 종류와 방법을 선택하고 결정해서 수행하면 과업을 성공적으로 수행한 후 자율성과 유능성이 모두 향상됩니다. 다시 말해서 자율성 지지는 긍정적 정서와 유능성을 향상하기 위한 토대입니다.

저희 아이들의 예를 들어볼게요. 아이들이 입학한 초등학교는 악기 연주를 중요하게 생각하는 학교였습니다.

"우리 학교 입학생은 모두 바이올린이나 첼로 중 하나를 선택해야 합니다. 입학식 전에 나누어 드리는 용지에 악기 명을 적어서 제출하세요."

입학생은 모두 1인 1악기, 바이올린이나 첼로를 연습해야 합니다. 아이들은 어려서부터 음악 듣기를 좋아하고 노래도 곧잘 따라 불러서 악기 연주도 좋아할 줄 알았습니다. 실제로 누가 바이올린을 연주하는 모습을 보면 허공에 대고 연주하는 시늉을 하기도 했어요. 그러나 완전히 착각이었습니다.

초등학교에 입학해서 음악 시간을 몇 번 겪어보더니 아이들은 "세상에서 바이올린이 제일 싫어!"라고 말하기 시작했습니다. 나중에 알고 보니, 악기 연주 연습을 할 때 음이 틀리면 선생님이 반 아이들을 호되게 혼내곤 했습니다 어떤 학부모는 우연히 학교에 면담하러 갔다가 음악 선생님이 아이들에게 소리 지르는 것을 직접 듣고는 깜짝 놀랐다고 했습니다. 이렇게 아이들에게 악기 연주는 '억지로 해야 하는 기분 나쁜 일'이 되어버렸어요.

제가 안식년을 맞이해 아이들이 외국으로 전학하게 되었을 때, 아이들은 제게 이야기했습니다.

"엄마, 학교를 떠나는 건 아쉽지만, 이제 억지로 악기 연주를 하지 않아도 되어서 너무나 좋아. 다른 학교에 가서는 악기를 하지 않아도 될까?"

이후로 저희 아이들은 다시는 바이올린, 첼로를 연주한 적이 없습니다. 스스로 원해서 다른 악기를 배운 적은 있지만, 억지로 연습해야만 했던 바이올린이나 첼로에는 전혀 관심이 없습니다. 악기를 다룰 줄 안다는 것이 얼마나 좋은 일인지 아는 저로서는 매우 아쉽습니다. 학교는 '1인 1악기 연주'라는 방침을 좋은 뜻으로 시작했겠지만, 무엇이건 억지로 하는 것은 효과가 없음을 보여주는 예입니다.

이와는 대조적으로 유치원 때 저희 아이들과 친하게 지내던 친구는 악기 연주를 자유롭게 시키는 학교에 입학했습니다. 그 친구의 어머니가 제게 말했습니다.

"학교에서 아이들에게 악기를 해야 한다고 한 번도 말하지 않았어요. 다만 조회나 학예회 때 학생들이 자유롭게 조직한 합주를 발표해요. 1, 2학년 때 선배들이 갖가지 악기를 들고 나와서 합주하는 것을 몇 번 보고 나면 아이들은 스스로 악기 배우기를 선택해요. 그래서 3, 4학년이 되고 나면 거의 모든 아이가 다 한

두 가지 악기를 다룰 줄 알게 돼요. 큰아들은 악기를 3개나 선택
했어요."

이것이 자율성을 통해서 일을 놀이로 만드는 비법이고, 유
능성을 향상하는 효과적인 방법입니다. 흥미를 갖도록 유도하고
본인이 선택해 시작하도록 하는 것입니다. 선택할 수 있도록 시
간을 두고 기다려주는 것이 핵심입니다.

셋째, 스스로의 목표를 설정할 수 있는 구조 만들기

아이를 낳고, 주변의 많은 분이 훌륭한 조언을 많이 해주셨
습니다. 아이를 먼저 키우신 분들이 해주는 조언들이 참으로 소
중하고 감사했습니다. 그중에서도 "아이의 인생을 재단하려고
하지 마라."라는 조언은 아이를 키우는 내내 한 번씩 떠올렸습니
다. 사람들은 자신이 선택한 목표에 대해서 의미와 애착을 갖고
스스로 알아서 열심히 합니다. 남이 자신에게 강압적으로 설정
한 목표는 '나의 것'이 아니기에 의미가 없습니다. 훌륭한 부모와
리더는 아이들이나 구성원들이 목표를 스스로 설정할 수 있도록
구조를 만들어주어야 합니다.

목표를 제대로 설정하려면, 자신이 궁극적으로 지향하는 지
점과 스스로의 현재 역량을 명확하게 파악하고 있어야 합니다.
내가 진정으로 도달하기 원하는 곳이 어디이고, 현재 나는 어디

에 도달해 있는지, 나의 역량은 어떠한지를 알아야 자신만의 목표를 스스로 설정할 수 있습니다. 리더는 이와 같은 과정을 제대로 거칠 수 있도록 동기를 유발해주고, 지원해주기만 하면 됩니다.

아무리 좋은 것도 강압적으로 하면 구성원들이 따르지 않습니다. 아무리 좋은 일도 강압적인 방법을 사용하면 모두의 반감을 사겠지요. 앞의 예시에서도 살펴보았듯이 음악을 좋아하던 아이들이 강제로 악기를 연주한 경험 뒤에는 다시는 그 악기를 쳐다보지도 않습니다. 반면, 다양한 작은 음악회를 자주 접한 학생들은 스스로 악기를 배우기를 원하게 됩니다. 구성원들이 스스로 목표를 설정할 수 있도록 플랫폼을 깔아줄 수 있는 리더가 훌륭한 리더입니다.

넷째, 명확한 방향성 설정하기

나는 그때 딱 내 아들 둘, 공부시키고 밥 잘 먹이고 그것만 생각했어요. 다른 것은 아무것도 생각하지 않았어요. 예전에 사극에서 '장희빈' 역할을 했던 톱배우 윤여정이 '도우미' 역할을 해도, 사람들이 다 뒤에서 수군거려도 나는 아무렇지도 않았어요. 이혼하고 얼마 안 돼서 오디션 보러 갔더니 예전의 나를 모르는 젊은 PD가 전에 무슨 드라마 찍어봤느냐고 물어요. 장희빈 찍었다고 했더니 거기에서 무슨 역할 했냐고 해요. '장희빈'이라고 대답하니까 깜짝 놀라서 나를 다시 쳐다봐요. 하지만 나는 그런 순간들을 모멸감으로 받아들이지 않았어요. 나는 딱 나의 목표만 생각했어요. 내 아들 둘, 그 목표만 바라보고 앞으로 나아갔어요.

75세에 아카데미 여우조연상을 거머쥔 배우 윤여정의 이야기입니다. 그녀는 정상에 있을 때 결혼했지만 몇 년 후 이혼하고 생계가 분명치 않은 상황에서 아들 둘을 키워야 했습니다. 그 어려운 상황에서 윤여정은 마음을 다잡고, 목표를 명확하게 설정했습니다. '아들 둘 잘 키우기!' 이 목표 아래에서 그녀는 주어지는 역할들을 열심히 했습니다. 그리고 75세에 한국인 최초로 아카데미 시상식 여우조연상을 받았습니다. 어려운 시절 다양한 역을 많이 해본 경력이 그녀의 영화배우 인생에 디딤돌이 되었습니다.

스스로 목표를 설정할 때는 무엇에 도전할지 방향성을 명확하게 해야 과업에 집중할 수 있습니다. 집중하면 유능감도 자연스럽게 지각되고 성취도 당연히 높아집니다. 목표가 명확하다는 것은 자신이 핵심 가치, 진정 추구하고자 하는 바를 스스로 잘 이해하고 있다는 뜻입니다. 얼핏 보면 너무나 당연한 이야기 같지만 사실 자신이 추구하는 바가 명확히 무엇인지, 한마디로 이야기할 수 있는 사람이 많지 않습니다. 학생들은 학위 논문을 준비할 때도 자신이 하는 연구의 핵심이 무엇인지 말하기 힘들어합니다. 자칫하면 자신이 원래 하려고 했던 것 대신 사소한 것들에 집착하게 됩니다. 학생들에게 논문 지도할 때 제 첫 번째 질문은 항상 이것입니다.

"이 중에서 네가 정말로 궁금했던 것, 꼭 연구하고 싶었던 변인은 무엇이지?"

연구에서 핵심 변인들만 남기고자 타협할 때 기준을 찾는 질문은 '연구자가 꼭 연구하고 싶은 변인인가?'입니다. 핵심만 남기고 나머지는 조정할 수 있습니다. 처음에는 목표가 명확하다 해도 시간이 흐르면 목표를 혼동하기 쉽습니다. 그때 자신에게 다시 물어볼 필요가 있습니다.

"나는 이 논문을 왜 쓰는 것이지?"

"나는 이 일을 왜 하지?"

여기에서 한 걸음 더 나아가 우리는 자신에게 다음의 질문을 던질 필요가 있습니다.

"나는 진정 무엇을 하고 싶은 사람이지?"

다섯째, 구체적으로 목표 세우기

목표를 동사형으로 표현하기를 권합니다. 예를 들어서 '지적인 사람이 되자.'는 것은 나의 방향성인데, 이 방향성이 명확한 목표가 되기 위해서는 동사형이 되어야 합니다. '1년에 적어도 100권을 읽는다.', '일주일에 적어도 고전과 교양서 1권을 읽는다.' 등입니다.

또 다른 예로 '긍정형 인간이 되자.'가 나의 방향성이라고 해 보겠습니다. 동사형 지침을 세울 때 다음과 같은 자료를 참고할 수 있습니다. 커뮤니케이션 학자인 존 가트만John Gottman은 행복한 커플의 커뮤니케이션은 대체로 긍정성 대화와 부정성 대화의 비율이 5:1이라고 했습니다. 내가 상대방에게 잔소리를 한 번 했

목표의 방향성	동사형 목표 기술
지적인 사람	일주일에 적어도 1권의 책을 읽는다
공감 잘하는 사람	상대방의 이야기를 듣는 시간과 내가 말하는 시간의 비율을 3:1로 한다
성실한 사람	매일 아침 6시 30분에 일어나서 15분 아침 운동한다
열심히 공부하는 사람	수업 시간 이외에 하루에 적어도 5시간 공부한다
건강한 사람	매일 달리기 15분, 일주일에 2번 근력 운동, 일주일에 2번 테니스 친다

다면, 적어도 다섯 번은 칭찬하는 것이 적절합니다. 이러한 원칙을 기반으로 명확한 목표를 설정하면 '하루에 적어도 다섯 번 긍정적 코멘트 하기, 잔소리는 한 번 이하로만 하기'와 같은 목표를 만들 수 있습니다.

여섯째, 강점 확장의 법칙을 이용하기

"또 국어 공부하는구나! 영어 성적이 안 좋던데, 영어 공부도 해야지. 왜 책상에 앉으면 국어책만 펴는 거니?"

"영어만 잘하면 뭐 하니. 수학 성적이 안 좋은데. 이제부터 영어 공부는 조금만 하고, 수학에 집중하자!"

학교 다니면서 누구나 흔히 들어본 말일 것입니다. 우리는 흔히 장점보다는 부족한 부분에 집중합니다. 부족한 것을 채워 나가면서 자신을 향상시키려고 노력하는 거죠. 그런데 사실은 본인이 잘하는 것을, 원하는 만큼 실컷 하는 것이 과업 수행에 효과적입니다. 이를테면 내가 가장 자신 있는 과목이 화학이고, 다른 어떤 과목보다도 화학 공부가 가장 신난다면, 화학 공부에 집중하고 싶은 만큼 집중하는 것이 효과적이라는 것입니다.

덕분에 화학 점수가 92점에서 100점으로 향상되었다면 '100점을 맞으려고 노력한 우등생'이라고 자신에 대해 지각하게 됩니다. 이는 자신감, 학업적 자아효능감에 긍정적인 효과를 가져옵니다. 학업적 자아효능감이 향상되면, 이제부터 시작입니다. 화학뿐 아니라 그다음 자신 있는 과목 생물, 그다음 자신 있는 과목 역사, 이런 식으로 강점이 확산하기 시작합니다. 강점은 이런 식으로 확산합니다.

2001년 10월 연세대학교에서 교육개발센터를 설립하고, 첫 연구원으로 일하기 시작할 때 단과대학 학장님들 몇 분이 다음과 같은 요청을 해왔습니다.

"김 박사님, 우리 대학에 교육개발센터가 생겨서 잘 되었어요! 우리 단과대학에 강의평가가 매우 저조한 분들을 교육개발센터에서 관리해주세요. 이분들이 강의에 흥미를 갖고 잘 해나갈 수 있도록 교육해주시기를 부탁드립니다."

센터가 연세대학교 구성원들에게 유용한 기관으로 자리 잡아야 대학 본부가 센터에 지속해서 인적·물적 지원을 할 게 분명했습니다. 그런데 강의 평가가 저조한 분들을 지원하는 교육 프로그램으로 센터의 첫 사업을 시작하는 것은 센터를 위해서 바람직하지 않은 방법인 것 같았습니다. 교수님들의 수업 동기유발에도 도움이 안 되고, 강점 확장의 법칙에도 맞지 않는 일이었습니다. 당시 저는 이제 막 박사학위를 받아 학장님들이 매우 어려웠지만, 마음을 단단히 먹고 다음과 같이 학장님들에게 제 의견을 말씀드렸습니다.

"교육개발센터에 기대를 걸고, 중요한 업무를 요청해주시니 매우 감사합니다. 그런데 학장님이 강의평가가 저조한 분들의 특별 관리(?)를 말씀하시니 고등학교 상담실 생각이 납니다. 제가 고등학교에 다닐 때 상담실이 있었는데, 학생들은 정말로 상담이 필요할 때 결코 그곳에 상담을 받으러 가지 않았습니다. 왜냐하면 그곳은 큰 문제를 일으켜서 정학 혹은 퇴학을 당할 학생들이 반성문 쓰는 곳, 불편하게 삼자대면하는 곳이었거든요. 그래서 정작 상담이 필요할 때도 보통의 학생들은 그곳을 찾지 않았어요. 괜히 거기에 왔다 갔다 하다가는 무슨 문제 있는 것처럼 오해를 살 수 있거든요.

교육개발센터가 '연세대학교 교육의 질을 향상시키기 위해' 설립되었는데, 첫 업무가 강의평가가 저조한 교수님들을 '강제로 교육하기'가 아니면 좋겠습니다. 교육개발센터가 연세대학교 구성원들이 자발적으로 찾아오는 긍정적인 기관, 미래 지향적인 기관으로 자리를 잡으면 좋겠습니다. 제가 계획하는 5가지는 다음과 같습니다. 첫째는 교수학습방법 특강이고, 둘째는 신청자에 한한 강의 분석 개별 서비스 지원이며, 셋째는 한 달에 한 번씩 교수학습방법에 대한 뉴스레터 제작 및 배포이고, 넷째는 신청자에 한한 점심시간을 이용한 '브라운 백 교육지원 세미나'이고, 다섯째는 교수법에 관심 있는 교수님들이 세미나를 신청하면, 센터에서 3~5인의 작은 동아리를 만들어 드리고, 점심시간을 이용해서 교수법 세미나를 하실 수 있도록 지원하는 업무입니다. 가능한 한 개별적인 교육지원, 찾아가는 교육지원을 시행하면 어떨까 합니다.

　강점 확장의 법칙에 따라 열심히 수업을 하고자 하는 분들을 지원해 성과를 내는 것이, 수업에 대한 동기가 아예 유발되지 않은 분들을 동기유발 시키는 것보다 몇 배 이상 수월한 일입니다. 그리고 일부 교수님들이 강의를 열심히 준비하는 분위기가 되면, 강의에 관심이 없고 연구만 중요하게 생각하시던 분들도 조직의 분위기 속에서 자연스럽게 강의에 더욱 관심을 가지시게 될 것입니다. 특히 강의 평가가 저조한 교수님들에게는 강제적인 방법보다는 적절한 개별 교수법 지원 방법을 강구해보시면 어떨까요? 대신 강의 평가가 저조한 교수님들께 교육지원을 하는 업무의 우선순위는 더 뒤로 잡으면 좋겠습니다."

　다행히 학장님들과 교수님들이 저의 이러한 제안을 잘 이해해주셔서, 연세대학교 교육개발센터는 설립 초반에 철저히 '자발적 신청자에 국한해 찾아가는 교육지원'에 초점을 맞추었습니다. 제가 교수법 특강을 한 후 교수법을 분석하는 교육지원 프로그램을 안내해드리면, 자발적으로 신청하는 교수님에 한해서 개별수업분석도 진행하였습니다. 개법수업분석은 신청자가 수십 명이 되어서 국내의 많은 대학이 연세대학교에 벤치마킹하러 오는 주요 프로그램 중 하나가 되기도 했습니다. 결과적으로 교육개발센터는 한 명의 상주 연구원으로 시작했다가, 수 년 후 온라인 교육지원센터와 합해지면서 몇 년 후에는 십수 명의 연구원이 상주하는 교육센터로 성장했습니다. 지금은 제가 교육개발센터 일을 하고 있지 않지만, 초반에 교육개발센터의 설립과 발전의 과정은 철저히 강점 확장의 법칙에 근거한 것이었습니다.

강점 확장에서 중요한 것은 '한 번에 하나씩, 차근차근'입니다. 제가 학생들에게 말하기 기법을 강의할 때 강조하는 것 중 하나도 '한 번에 하나씩 질문하기'입니다. 실제로 설득 스피치의 중요한 기본 이론 중 하나도 '설득할 타깃을 한 번에 하나씩 정하기one single proposition'입니다. 여러 가지를 한꺼번에 제시하고 설득하려고 들면, 오히려 하나도 설득하기 어렵습니다. 하나는 들어주어도, 다른 것들은 부담 없이 거절하기 쉽습니다. 일도, 질문도, 설득도, 한 번에 하나씩입니다. 목표를 설정할 때도 가장 핵심적인 목표를 정하고 그 지점에서부터 시작하는 것이 좋습니다. 우선 하나의 과업을 마치고, 그 과업의 완성을 기반으로 그다음 과업으로 점을 연결해나가는 것입니다.

이는 뇌과학적으로도 설명할 수 있습니다. 긍정적 정서를 향상시키는 기본적인 방법은 사탕이나 초콜릿 같은 소소한 자극이라도 긍정적 자극을 최대한 자주, 긴 시간 발생할 수 있도록 틈틈이 경험시키는 것입니다.[48] 이같이 작은 자극으로 유발된 긍정적 정서의 효과는 즉각적으로 발생하고, 부정적 정서와 스트레스는 감소합니다. 그리고 긍정적 루틴으로 뇌의 연결성이 확장되어서 또 다른 긍정적 정서로 이어집니다.[49] 결국 작은 긍정적 자극은 장기적으로 누적 효과가 엄청나집니다.

일곱째, 목표를 구체적으로 세분화하기

"시험공부 하느라고 힘들지? 머리에 '원서 100장 공부'를 떠올리면서 부담스러워하지 말고, 목표를 잘게 나누어서 '오늘 오후 2시까지 5장 공부하기'만 생각하면 어떨까? 100장을 생각하면 걱정하느라고 힘들어서 정작 공부하려고 도서관에 앉았을 때 졸리거든. 아니면 엄두가 안 나서 아예 시작을 못하거나."

제가 흔히 학생들에게 해주는 조언으로, 많은 학생이 효과를 경험한 행동주의 전략입니다. 행동주의에서는 목표를 구체적으로 작게 세분화하는 것을 강력하게 권합니다. 목표가 구체적이면 하나씩 작은 성공을 쌓아갈 수 있습니다. 사람들의 성취도를 높여주는 강력한 심리적 변인 중 하나가 자기효능감입니다. 자기효능감이 높은 사람이 장기적으로 큰 성취와 성공을 누릴 확률이 높습니다. 이 자기효능감을 높일 수 있는 방법 중 하나가 '직전의 성공'입니다. 그러므로 목표를 세분화하면 하나의 목표를 달성할 확률도 높아지고, 직전의 성공도 훨씬 많아집니다.

앞의 내용을 다시 풀어서 설명하자면, 지금부터 열흘 후가 중간고사입니다. 그리고 100장 분량을 공부해야 합니다. 그러면 많은 학생이 열흘 내내 100장을 머리에 이고 다니며 '공부를 안 해서 어쩌지.' 하고 고민합니다. 그러나 행동주의 전략이 우리에게 제시하는 방법은 100장을 10으로 나누어서 하루에 10장씩만 집중해서 해결하는 것입니다. 그 10장을 오전과 오후로 나누어서 아침부터 오후 2시까지 5장, 2시 이후 밤까지 남은 5장을 해결합니다. 한 번에 고민할 분량은 오직 5장입니다. 이것이 목표의 세분화입니다.

5장은 상대적으로 도달하기 쉬운 목표입니다. 이를 달성할 때마다 스스로 작은 성공을 거두었다고 칭찬해보세요. 그 성취감은 다음 목표 달성에 긍정적인 영향을 줍니다. 점차로 과업을 완수할 가능성은 커집니다. 애초에 100장을 목표로 삼으면, 단 한 번의 성공만 가능할 뿐입니다. 그러나 이를 10으로 나누고, 다시 오전, 오후로 나누면 우리에게는 20번의 작은 성공의 기회가 주어집니다. 이와 같이 작은 목표들을 달성하면서 작은 성취감들을 쌓아가다 보면, 일이 마치 게임처럼 즐거워지는 단계에 이르게 될 것입니다.

여덟째, 적절하게 도전적인 목표 설정하기

목표가 자신의 수준보다 너무 낮아도, 너무 높아도 동기유발에 도움이 되지 않습니다. 자신의 현재 수준보다 약간 높은 수준의 목표를 설정하면 도전 의식이 생겨서 과제에 집중하게 되고 유능감이 향상됩니다. 학부모가 아이들을 좋은 학교에 보내려고 하는 것은 주변의 친구들을 보면서 도전 의식을 갖게 하려는 의도입니다. 주변 친구들이 모두 공부를 열심히 하지 않으면 목표치는 자연스레 낮아집니다.

반면에 주변의 친구들이 자신보다 월등히 높은 성취도를 나타낼 때도 동기유발은 어렵습니다. 큰 물고기 작은 어항 효과_{Big Fish Little Pond Effect}에 따르면, 일반 학교에서 우수한 성적을 나타내던 학생들이 우수한 학생들만을 모아 놓은 특수학교에 진학하는 경우 학업적 자아개념이 낮아지면서 동기가 급격히 감소합니다.[50]

아홉째, 즉각적인 피드백 주기

피드백은 목표를 달성했는지에 대해 상징적 메시지를 전달합니다. 우리는 피드백을 통해 자신의 가치를 확인할 수 있습니다. 제대로 된 피드백은 자신감을 향상시킵니다. 유능감이 제대로 살아납니다. 도전적인 목표를 달성한 후 해당 수행에 대한 첫 피드백을 받는 순간에 사람들은 도전 의식을 심리적으로 경험합니다.[51] 이 피드백은 즉각적으로 주어질 때 효과적입니다. 사람들이 테니스나 게임에 몰입을 잘 하는 이유는 목적을 이루었는지 즉각적으로 확인할 수 있기 때문입니다.

열째, 자신을 스스로 존중하고 칭찬하기

우리는 늘 끊임없이 자기검열과 자기소통self-talk을 합니다. 연구들에 따르면 자기소통은 긍정적일 때보다 부정적일 때가 많습니다. 그리고 상대적으로 타인과는 훨씬 더 긍정적으로 소통합니다. 저도 아이들과 학생들에게는 긍정과 사랑의 표현을 많이 하는 듯합니다. 하지만 정작 저 자신에게는 그러지 못합니다. 부모가 아이들에게 건네는 긍정적인 말을 자신에게도 사용한다면 나와의 관계는 훨씬 좋아질 것입니다. 우선 부모가 행복해야 아이들에게도 긍정의 언어로 대할 수 있습니다. 세상에서 가장 먼저, 소중하게 지켜야 할 사람은 '나 자신'입니다. 사랑하는 사람들을 위해서라도 나를 소중하게 다루고, 내가 먼저 행복하고 긍정적이어야 합니다.

다음은 정신과 의사이자 신경과학자로서 MIT 슬론경영대학원과 킹스 칼리지 런던의 교수인 타라 스와트Tara Swart의 긍정적 자기암시문과 이상적인 미래 구상의 예시 중 제가 깊이 공감하는 문구입니다.[52]

이 또한 지나가리라.

나는 건강하고 행복하며 평정심을 잃지 않는다.

나는 내가 꿈꾸는 이상적인 커리어를 성공적으로 수행해나갈 것이다.

나는 지금 아주 좋은 상태이다.

나는 내 삶이 자랑스럽다.

이러한 긍정적 표현들로 나를 채우면 같은 일도 훨씬 행복한 마음으로 할 수 있을 것입니다.

LIVE AS MYSELF

Chapter 4

행복한 삶을 위한
가장 강력한 조건은 관계성이다

관계성

하버드대 연구가 알려주는
행복의 조건

하버드대학교 연구팀은 1930년대 말부터 하버드 2학년 학생 268명을 포함한 총 814명 성인 남녀의 삶을 장기 추적하는 연구를 70여 년간 수행했습니다. 이 방대한 '하버드대학교 성인발달연구'가 종단 추적연구를 통해서 밝혀낸 가장 강력한 행복의 조건은 무엇일까요? 그것은 '사회적 인간관계'였습니다. 사람들과 관계를 잘 맺을 수 있는 사람들은 어려움을 이겨내고, 결국 잘 살아냈습니다.

사람들은 늘 누군가와 관계를 맺으며 살아갑니다. 삶은 결국 우리가 맺는 관계의 총합입니다. 만남 속에서 역사는 시작됩니다. 일, 친구, 사랑, 모두 만남으로부터 시작됩니다. 마르틴 부버는 저서 《나와 너》에서 사람들이 만남을 통해 진정한 대화와 상호작용을 할 때 '나-그것'이 아닌, '나-너'의 만남이 일어남을 강조했습니다. 이와 같은 깊이 있는 만남은 삶에 존재의 의미와 가치를 가져다줍니다.

의미 있는 만남은 우리 삶을 가치 있게 만들어줍니다. 부모의 헌신적인 보살핌 속에서 아이들이 태어나고 자랍니다. 성인이 되어서도 관계가 단절된 사람들은 살아갈 의욕과 가소성을 제대로 발휘하지 못하며 살아갑니다. 여기서는 관계의 중요성, 행복의 조건으로서의 관계성, 건강한 관계 맺기 전략에 대해서 살펴보기로 합니다.

상반된 방향으로 향하는 두 인생

하버드대학교 성인발달연구 초반부터 오랫동안 연구의 총책임자를 맡아 온 조지 베일런트George Vaillant 하버드대학교 의과대학 교수는 인생 전반에 걸쳐서 폭넓은 시각으로 한 인간의 총체적 삶을 이해하고자 노력했습니다. 그는 행복을 결정짓는 요소들과 행복에 결정적 영향을 주지 못하는 요인들을 심층 분석하는 데 집중했습니다. 이를테면 어떤 사람들은 겉으로 보기에 매우 유복하고 행복한 하버드 학생이었지만 결국 알코올중독자로 쓸쓸히 생을 마감했습니다. 반면 어떤 이들은 비참한 환경에서 나고 자랐지만, 결국은 성공을 이뤄내고, 가족들과 행복하게 생을 마감했습니다. 베일런트 교수는 행복의 조건을 연구하면서 고통의 절대량보다는 '사람들이 고통에 어떻게 대처하는가?'에 초점을 두었습니다.

앞에서도 언급했듯이 이 방대한 연구가 밝혀낸 가장 강력한 행복의 조건은 '관계성'이었습니다. 비참한 환경에서 태어난 사람도 관계성이 좋으면 결국 어려움을 극복했습니다. 반면 외적인 조건이 상위 0.001%에 드는 졸업생도 관계를 잘 구축하지 못해 비참하게 삶을 마감하기도 했습니다. 이제부터 이 연구의 대조적인 사례 둘을 통해 관계성의 중요성을 생생하게 살펴보겠습니다. 다음은 조지 베일런트 교수의 저서 《행복의 조건》에서 소개하는 사례를 참고했습니다.

하버드 연구 사례: 비참함에서 화려함으로 – 앤서니 피렐리의 삶

"아버지는 비열하기 짝이 없는 사람이었어요. 아버지는 일주일에 한 번꼴로 무엇이건 손에 잡히는 대로 쥐고 형들을 가혹하게 때렸어요. 형들은 아버지에게 엄청나게 맞고 피투성이가 된 채 비명을 지르면서 집 밖으로 뛰쳐나가곤 했어요. 아버지는 형들이 다치건 말건 신경 쓰지 않았어요."

평생을 보스턴에 거주한 칠순의 앤서니 피렐리가 기억하는 그의 어린 시절입니다. 1941년 탐방 연구원 5명이 피렐리를 처음 방문했을 때 그는 '보스턴 빈민가의 다 쓰러져가는 5층 공동주택'에서 궁핍하게 생활하고 있었습니다. 피렐리와 형제 모두 초라하기 짝이 없는 행색을 하고 있었지요. 아버지는 무능하고 난폭했습니다. 어머니는 어린 나이에 미국으로 이주했음에도 영어를 할 줄 몰랐고요. 그래서 어머니는 아이들의 학교생활에 아무런 도움도 주지 못했습니다. 피렐리의 가정은 가난하기만 한 것이 아니라 냉랭한 기운도 감돌았습니다. 아무런 따뜻함도 위로도 없어 보였어요. 피렐리는 수줍음 많고 감수성이 예민한 소년이었으며, 무엇보다도 두려움에 가득 차 있었습니다.

그런데 이 비참한 가정환경 속에서도 피렐리의 형제들은 단단히 결속해 서로를 돌봐주었습니다. 형제들의 결속이 피렐리의 인생을 바꾸어놓았습니다. 피렐리의 누나는 어린 동생 피렐리를 갓난아기 때부터 키우다시피 했습니다. 그의 형 빈스는 성인이 된 동생 피렐리를 일주일에 한 번씩 데리고 나가서 점심을 사주었어요. 빈스 형은 피렐리의 장래 계획을 함께 고민해주었습니다. 형은 동생 피렐리에게 공부를 하라고 강력하게 권했습니다. 형의 지원은 피렐리의 마음에 큰 힘이 되어주었습니다.

피렐리는 19세에 지금의 아내를 만나서 사랑에 빠지고, 결혼했습니다. 따뜻하고 유쾌한 아내를 만난 것이 피렐리의 삶을 풍요롭게 만들었습니다. 그는 평생 자신의 아내를 깊이 사랑하고 아끼며 살았습니다. 결혼 이후 그에게 아내는 가장 훌륭한 친구였습니다.

탐방 연구원들이 두 번째로 피렐리를 방문했을 때 그는 25세였습니다. 그는 성실한 노동자로 성장해 있었습니다. 피렐리가 제대군인 원호지원금을 받아서 마련한 집은 정갈하게 꾸며져 있었습니다. 당시 피렐리는 낮에는 일하고 밤에는 벤틀리대학교에서 회계학을 공부했습니다. 그는 "회계학을 배워두면 무엇이건 할 수 있네."라는 해리 벤틀리 교수의 말을 귀담아 들었습니다.

세 번째 방문 때 피렐리는 전망이 아름다운 집에서 살고 있었습니다. 그는 아내와 행복하게 지냈습니다. 이들 부부는 주변 사람들과도 잘 어울렸어요. 그는 자신의 두 아들에게 사랑을 주는 헌신적인 아버지였습니다. 드디어 30세에 피렐리는 공인회계사가 되었습니다. 피렐리의 다정하고 낙천적인 성품과 사업에 대한 열정 덕분에 고객들이 늘어났습니다. 그는 잇달아 좋은 기회들을 얻으며 성공을 이어나갔습니다.

네 번째 방문 때 피렐리는 수영장과 테니스장이 딸린 대저택에서 가족들과 행복하게 살고 있었습니다. 형들이 매질당하는 것을 보면서 두려움에 떨고 있던 초라한 소년은 이제 성공한 사업가가 되었습니다. 피렐리는 늘 연구원들의 질문에 성의껏 대답했지요. 그는 연구원들을 만날 때마다 자신이 연구에 참여하게 되어 성공한 것 같다며, 늘 감사하다는 이야기를 했습니다. 인터뷰하는 동안 그는 매우 열성적으로 인터뷰에 몰입했어요. 피렐리는 자신의 삶에 대한 이야기가 누군가의 인생에 도움이 되기를 간절히 바랐습니다.

다섯 번째 방문 때 피렐리는 보스턴의 고층 아파트에서 살고 있었습니다. 이제 70세의 노인이 된 피렐리는 활력이 넘치고 건강해 보였습니다. 그의 집에서는 아름다운 보스턴 공원과 주의회 의사당, 찰스강이 한눈에 들어왔습니다. 왼편으로는 대저택들이 피렐리의 집을 둘러싸고 늘어서 있었습니다. 피렐리는 연구원들에게 오른편 풍경을 잘 보라고 말해주었습니다. 그곳은 바로, 첫 번째 방문 때 피렐리가 살았던 비참한 동네였습니다. 그는 자신의 어린 시절에 살던 초라한 동네를 내려다보며 살고 있었습니다. 피렐리는 이제 더는 자신과 형제들을 학대하던 아버지, 무기력했던 어머니를 미워하지 않았습니다. 도리어 이해와 용서의 마음을 갖게 되었지요.

"아마도 아버지는 자신의 실패를 대물림하지 않으려고 형들에게 매질을 했을 거에요. 아마도 동생과 제가 자랄 때는 집안 형편이 그나마 조금 나아져서 우리를 때리지 않았겠지요"

"어머니는 영어를 못해서 아이들과도 말이 안 통하니 참 답답하셨겠지요."

피렐리는 비참한 유년기에 메이지 않고 자신의 삶을 발전시켰습니다. 그는 원망이 아니라 감사와 관용으로 자신의 인생을 채우는 데에 성공했습니다. 자신이 혐오하고 증오하던 아버지까지 이해심을 가지고 용서의 눈으로 바라볼 수 있는 사람으로 성장한 것이지요. 더 나아가 피렐리는 아내와 내내 행복하게 잘 지냈고, 아들들도 훌륭하게 성장했습니다. 그의 인생은 성공 그 자체였습니다.

하버드 연구 사례: 촉망받는 하버드생에서 알코올 중독자로—빌 로먼의 삶

하버드생으로서 본 연구에 참여한 빌 로먼은 버지니아 대저택에서 자라났습니다. 대리석과 회양목이 잘 어우러진 그의 집은 정원이 멀리 블루리지 산맥까지 잇닿았습니다. 그의 집안은 뉴욕시에도 방이 20개에 하인이 16명 있는 저택을 갖고 있었습니다. 8대의 자가용이 있었고요. 그는 하버드 재학 시절 인기가 높은 동아리의 멤버였습니다. 로먼은 침착하고 성적이 우수하며 매력적인 청년이었습니다.

빌 로먼은 제2차 세계대전에 참전했습니다. 그는 벌지 전투에서 공을 세웠고 훈장을 3개나 받았습니다. 25세 당시 로먼은 장래가 매우 촉망되는 젊은이였습니다. 전쟁을 마치고 하버드 법대로 돌아온 그는 우수한 성적으로 대학을 졸업했습니다. 그는 뉴욕에서 변호사 사무실을 개업했습니다. 매 주말 클럽 회원들과 골프나 브리지 게임을 즐겼습니다.

한편으로 로먼은 대학 생활부터 술을 마시는 버릇이 있었습니다. 그는 종종 고주망태가 되도록 술을 마시곤 했습니다. 뉴욕의 법률회사에서 일할 때도 술에 절어서 월요일에 출근하지 못하는 날들이 많았습니다. 그는 점차로 고립되어갔습니다. 로먼은 사람들과 친밀하게 지내지 못했습니다. 제대로 연애도 하지 않았고, 사촌들도 만나지 않았지요. 그는 60세가 가까워지도록 어머니의 시골집에서 살았습니다. 그는 사교 클럽에 참석하지 않았으며, 어머니의 시골집이라는 보호막 속에서만 살았습니다. 그는 새로운 친구를 사귀려는 노력을 하지 않았습니다.

로먼은 소송에서 종종 졌습니다. 뼈를 깎는 노력을 하는 대부분의 법조인과는 달리 일주일에 40시간만 일했습니다. 연구 대상자인 하버드생들 중에는 75세까지도 변호사 일을 지속하는 사람들이 많았습니다. 그러나 로먼은 55세에 은퇴하리라고 미리부터 결심하고 있었습니다. 그런데 결국 그는 죽음에 이를 즈음까지 매주 40시간씩 계속 일을 했습니다. 일을 즐겨서가 아니라 은퇴 후의 삶이 너무 지루할까 봐 걱정되어서였습니다. 로먼은 은퇴 후의 준비가 아무것도 되어 있지 않았습니다. 그는 기쁨과 슬픔을 함께 나눌 친밀한 관계가 아무도 없었습니다.

로먼은 상실감을 술로 채웠습니다. 40세에는 술 때문에 경찰까지 동원되었습니다. 가족들도 걱정이 이만저만 아니었지요. 50세에는 알코올중독에서 빠져나오기 위해 전문적인 치료를 받아야 했습니다. 60세에는 일주일에 평균 50잔씩 술을 마셨습니다. 그러나 그는 술을 끊지 못했습니다. 촉망받는 하버드생이던 그는 사람들과 만나는 대신 홀로 술을 마시다 쓸쓸하게 생을 마쳤습니다. 창조할 줄 모르고 베풀 줄 모르며 철저히 스스로를 고립시켰던 그의 노년은 불우했습니다. 그는 삶은 불행했습니다.

이 대조적인 2가지 사례에서 우리는 관계의 중요성을 생생하게 볼 수 있습니다. 빈곤과 비참함의 끝에 서 있던 앤서니 피렐리는 형제의 지원, 사랑스러운 아내와의 좋은 관계 속에서 새로운 인생을 만들어냈습니다. 반면 훌륭한 집안, 하버드 법대생, 전쟁 영웅, 뉴욕 변호사였던 빌 로먼은 스스로를 고립시키면서 점차 사람들과 멀어지며 기쁨과 슬픔을 함께 나눌 친밀한 친구 하나 없이 살면서 성공도 사랑도 쟁취하지 못했습니다. 그는 화려했던 젊은 날과는 달리 나날이 쇠락해 알코올중독자로서 쓸쓸히 생을 마쳤습니다.

관계가 중요하다는 것은 우리 모두가 이미 잘 아는 사실입니다. 하지만 하버드 종단연구를 통해서 우리가 다시 한 번 확실히 깨닫게 되는 것은 관계가 우리의 삶을 송두리째 바꿔놓을 수도 있을 만큼 강력한 힘을 가졌다는 점입니다. 관계가 좋으면 비참함의 끝에 서 있던 사람이 성공의 정점에 설 수도 있습니다. 친밀한 관계 하나 없이 고립되면 모든 것을 가진 듯 보였던 사람도 쇠락할 수 있습니다. 관계는 좋으면 좋은 정도의 그저 그런 것이 아닙니다. 관계는 우리의 삶에 결정적으로 중요한 것, 더 나아가 우리의 삶 그 자체입니다.

우리가 맺는 관계의 총합이
곧 우리 삶이다

우리는 자연의 아름다움에 경탄할 때, 종교적 의식을 치르거나 신앙에 빠질 때, 자신만의 목적을 추구할 때도 삶의 의미를 찾습니다. 그러나 앞에서도 살펴보았듯이 좋은 관계, 깊이 있는 관계야말로 삶에 가장 강력한 의미를 줍니다.[53]

자기결정성 연구에 따르면 사람들은 관계성의 욕구가 충족되면 다양한 긍정적 성과를 냅니다. 관계성의 욕구가 충족되면 긍정적 정서가 향상되고, 내재적 동기가 유발되고, 정서적 행동의 관여가 향상되고, 행복감이 증가하고, 학교에서의 성취도, 직장에서의 만족도도 높아집니다.[54] 반면 관계성의 욕구가 채워지지 않으면 우울하고, 슬프고, 외로워집니다.[55]

관계는 건강에도 영향을 미칩니다. 이를테면 현재의 의료 시스템에 관계 요소를 보강하면 비만, 당뇨, 고혈압, 관절염, 천식, 감기 등의 증상이 뚜렷하게 개선됩니다.[56] 사회적 관계가 좋은 사람들은 심리적으로 안정되며 스트레스도 적게 받습니다. 또 이로 인해 면역 기능이 강화되어 암에 걸려도 회복률이 높아집니다. 스트레스가 쌓이면 면역 시스템은 스트레스를 줄이려고 시도하면서 면역 기능이 약해집니다.

사회적으로 고립된 사람들은 스트레스로 염증 반응이 촉진되고, 암세포를 활성화하는 호르몬에 영향을 받을 가능성이 커집니다. 그럼 면역 기능이 약해지므로 관계성이 좋은 사람들보다 항암 기능이 약해집니다. 하버드 의과대학 교수이자 부속병원인 메사추세츠 종합병원에서 '공감과 관계과학 프로그램'의 책임자를 맡고 있는 헬렌 리스Helen Riess 교수에 따르면 의사가 환자를 치료하는 것도 중요하지만, 의사가 환자를 대하는 방식이 그들을 치료하는 것만큼 중요합니다.[57]

"네가 최근 한 달 동안 만난 사람들을 말해줘. 그러면 네가 누구인지 말해줄게"

관계성, 소속감, 사회적 거부 등에 대해 뛰어난 연구들을 보고해온 로이 바우마이스터Roy Baumeister 교수는 '삶의 의미'의 구성요건으로 다음의 4가지를 제시합니다.

첫째, 목적 의식sense of purpose입니다. 사람들은 다가올 미래의 성과와 지금 수행하는 과업이 직접적으로 관련이 있다고 지각할 때 활동이 의미 있다고 느낍니다.

둘째, 자기효능감입니다. 사람들은 자신의 활동과 성과를 스스로 통제할 수 있고, 자신이 노력하면 유의미한 변화를 통해 성과를 이룰 수 있다고 지각할 때 '의미'를 느낍니다.

셋째, 도덕적 가치입니다. 사람들은 자신의 행동이 도덕적 가치에 준할 때, 사람들에게 옳다고 받아들여질 때 행동이 의미 있다고 느낍니다.

넷째, 긍정적인 자기가치self-worth입니다. 사람들은 자신이 바람직한 특질을 지닌 개인이라는 평판을 획득할 때 의미를 느낍니다.

이처럼 삶의 의미는 본질적으로 관계를 전제로 발생합니다. 우리가 만나는 사람들은 자신을 비추는 거울입니다. 나는 내가 만나고 소통한 수많은 사람과의 경험을 추상화해 적분한 존재라고 할 수 있습니다.[58]

바우마이스터 교수의 의미의 4가지 요인은 모두 생활 속에서 '실제로 경험하면서 지각하고 획득되는 것들'입니다.[59] 그러니 삶의 의미를 찾고자 한다면 실제로 활동하고 사람들을 만나야 합니다. 그냥 앉아서 삶의 의미를 찾기는 어렵습니다.

진정으로
성공한 삶

여러분이 생각하는 진정한 성공은 무엇인가요? 주변에서 '성공한 삶'이라고 말할 수 있는 삶을 소개해주세요.

이 질문을 학생들에게 하면 다양한 답이 나옵니다. 가족들의 사랑과 존경을 받는 자신의 할머니, 어려운 상황에서 리더십을 발휘하여 문제를 잘 해결하고, 친구들에게 인기도 좋은 친구, 늘 성실하게 가족을 위해서 열심히 일하고 가족들과 여행도 많이 다니려고 노력하는 아버지, 자신의 일을 하면서 가족들도 열심히 챙기는 어머니 등의 사례를 소개합니다.

제가 생각하는 성공한 삶은 '내가 사랑하는 사람들이 또한 나를 진정으로 사랑하는 삶, 진심을 나누는 의미 있는 관계가 많은 삶'입니다. 류재언 변호사는 저서 《대화의 밀도》에서 '성공한 인생은 진심을 많이 나눈 인생'이라는 지인의 말을 인용하는데,

저 역시 같은 생각입니다. 일과 유능감은 매우 중요하지만, 결국 결론은 관계입니다. 누군가 제게 일과 관계 중에서 선택하라면 저는 망설임 없이 관계를 택할 것입니다. 어떻게 보면 더욱 훌륭한 관계, 건강한 관계를 맺기 위해서 일도 열심히 하는 것이니까요. 관계는 그 자체가 우리의 삶이라고 살 수 있습니다.

관계성은 생존의 문제이기도 합니다. 엄청난 고통 후 트라우마를 겪는 사람들, 영영 회복이 어려울 듯 보이는 사람들도 주변 사람들의 지지를 받으면 회복합니다.[60] 사막에 혼자 남겨진 사람보다 친구와 함께 남겨진 사람이 훨씬 오래 살아남습니다. 친구가 없는 사람들은 친구가 많은 사람보다 성공한 삶을 살 확률이 낮습니다. 친구가 적은 사람들은 접할 수 있는 절대적인 정보의 양이 적기 때문에 불리합니다. 하지만 중요한 점은 진정한 친구가 많은 사람은 친구들의 관심과 격려 속에서 나날이 긍정적 정서와 자신감을 키운다는 점입니다.

사랑받는다는 느낌은 사람을 강하게 만들어줍니다. 내가 사랑하는 사람이 나를 사랑한다고, 주요 타인들이 나를 지지한다고 느낄 때 강한 회복탄력성이 생깁니다. 살다 보면 누구에게나 실망스러운 상황이 생깁니다. 이 이상 열심히 할 수는 없다고 할 만큼 열심히 공부했는데, 도리어 성적이 내려갈 수도 있습니다. 제가 가르친 학부생 중에는 하필이면 수능 3일 전에 코로나에 걸려서 시험을 망치고 3수를 해야 했던 학생도 있었습니다. 급하게 만들어진 임시 고사장에 영어 듣기영역 시험문제가 하나도 들리지 않아서 듣기영역을 0점 맞았다고 합니다. 이렇게 황당한 상황에서 제 학생도 힘을 잃고 그냥 무너질 뻔했습니다. 그러나 친구들의 진정한 위로와 격려로부터 어려움을 견뎌낼 마음의 힘을 얻고, 다시 대학 입학에 도전해서 연대에 입학했습니다.

2018년 태국에서 실종되었던 소년들의 이야기는 관계의 중요성, 친구의 중요성을 다시 한번 일깨워줍니다. 2018년 6월, 태국 치앙라이 지역의 탐루엉 동굴에서 12명의 소년과 축구 코치가 고립되었습니다. 이들은 와일드 보어스Wild Boars 축구팀의 학생들로 동굴 탐험을 하던 중 갑작스러운 폭우에 물이 차오르면서 동굴 밖으로 나오지 못하게 되었습니다. 구조대원들이 소년들을 발견한 것은 실종 후 9일이나 지나서였습니다. 곧바로 태국 해군, 외국의 다이버들이 수중 탐색, 동굴 내 산소 공급, 심리적 지원에 나서며 전방위적 대규모 구조 작업이 진행되었습니다. 이때까지 소년과 코치들은 음식이 없어서 물만 마시며 견디고 있었습니다. 구조대원들은 이들의 건강 상태를 진단하고 필요한 영양 공급과 의료 지원을 시작했습니다.

구조 작업은 완전히 성공적이었습니다. 결국 동굴 안에 고립된 지 17일 만에 소년들과 코치는 전원 무사히 구조되었습니다. 전 세계가 숨을 죽이고 이 과정을 지켜보았고, 13명 전원이 구조되어 모두가 환호했습니다. 17일 만에 13명 전원 구조라는 놀라운 결과 뒤에는 중요한 과정이 있었습니다. 동굴에 고립된 순간부터 축구 코치와 소년들은 내내 똘똘 뭉쳐서 한마음으로 손에 손을 꼭 잡고 서로를 격려하고 명상했습니다. 이들이 마음을 모아서 함께 견뎌내지 않았다면 결과는 많이 달라졌을 것입니다. 혼자 가면 멀리 가지 못하지만, 함께 가면 '행복하게' 멀리 갑니다.

관계가 좋으면
생기는 일들

관계가 좋은 사람들에게는 어떠한 일들이 생겨날까요? 관계성이 삶에 주는 영향은 다양하지만 크게 3가지로 나누어 생각해볼 수 있습니다.

첫째, 관계성은 신체적·심리적 고통을 줄여줄 수 있습니다. 다양한 연구에 따르면 사회적 지지는 신체적 고통을 억제해주는 중요한 조절자입니다. 아플 때도 주변의 주요 타인들로부터 심리적 지지를 받는다고 지각하면 실제로 신체적 고통이 줄어듭니다. 이를테면 가족들 혹은 주변 사람들로부터 사회적 지지를 받는 암 환자들은 그렇지 않은 사람들보다 암으로 인한 신체적 고통이 타인들보다 덜합니다.[61] 수술 후 가슴 통증도 실제로 훨씬 줄어듭니다.[62] 캐나다의 에이즈 환자 41명을 대상으로 4년 동안 수행한 종단연구에 따르면 사회적 지지가 높을수록 실제로 환자들이 투병 중의 삶의 질이 높아지거나, 부정적인 증상들의 경감 효과가 나타났습니다.[63] 그러므로 가까운 사람들이 아플 때 "병원에 가봐."라고 말하는 것보다는 "병원에 같이 가자."라고 말해주는 것이 좋습니다. 내가 사랑하는 사람과 '기꺼이 시간을 함께 보내면서 그들이 얼마나 사랑받는 사람인지를 깨닫게 해주는 것'이 매우 중요합니다. 그것이 우리에게 주어진, 짧다면 짧은 삶을 의미 있게 보내는 방법입니다.

신체적 고통과 심리적 고통은 높은 상관관계를 갖습니다. 그래서 때로는 이 둘의 높은 상관관계를 역으로 이용해 신체적 고통을 감소시켜서 결과적으로 심리적 고통을 낮추기도 합니다. 주변 사람들과의 관계 때문에 심리적 고통을 심하게 받을 때 신체적 고통을 덜어주는 진통제를 먹으면 심리적 고통도 한층 더 줄어듭니다.[64] 연구에 따르면 신체적 고통에 대한 민감도가 높은 사람들은 관계에 대한 민감도도 높게 나타났습니다.[65]

둘째, 관계성이 좋으면 행복감이 높아집니다.[66] 또한 행복감이 높아지면 관계성도 좋아지는 선순환이 생깁니다. 이들은 과업에 대한 성취도도 좋습니다. 그래서 관계가 좋은 사람들이 성공할 확률이 높습니다. 원만한 관계, 의미 있는 만남은 그 자체로 삶의 목표입니다. 관계는 우리를 나 자신으로서 살아갈 수 있게 도와줍니다. 주위 사람들과 관계를 잘 맺은 사람들은 자신의 역량을 제대로 발휘하며, '나로서' 행복하게 살아갑니다.

셋째, 관계성이 좋으면 긍정적 정서가 향상됩니다. 친구들의 격려도 긍정적 정서를 가져옵니다. 긍정적 정서는 사람들의 뇌가 긍정의 방식으로 작동하도록 해주며, 어려운 상황이 불러오는 스트레스를 순식간에 줄여줍니다. 긍정적 정서를 가진 사람들은 원만하게 사고하고, 집중력이 높으며, 갈등해결 능력, 문제해결 능력 등이 좋습니다.[67]

연구에 따르면 수학에 대한 동영상을 본 집단은 어떤 문제가 주어졌을 때 10분에 25%의 문제밖에 풀지 못했습니다. 반면 깔깔대고 웃으며 코미디를 본 집단은 10분에 75%의 문제를 풀었습니다.[68] 아이가 공부하지 않고 유튜브만 보고 있다고 아이를 혼내는 것은 어리석은 일입니다. 부정적 정서 때문에 아이의 성취도는 75%에서 적어도 25% 이하로 뚝 떨어질 것입니다.

이와 같이 관계성이 좋은 사람들은 관계성이 낮은 사람들보다 가족과 친구들로부터 긍정적 정서를 더 많이 얻고 스트레스를 낮게 지각합니다. 관계성이 좋은 사람들은 주변의 지지를 기반으로 어려운 일이 있어도 다시 마음을 다잡고 뚜벅뚜벅 앞으로 나아갈 수 있게 됩니다.

반면 친구가 적은 사람은 스트레스를 더 많이 받고 부정적 정서에 빠지기 쉽습니다. 원래부터 인간의 뇌에는 긍정적인 정보보다 부정적인 정보에 더 크게 반응하는 부정 편향negativity bias 성향이 있습니다. 이는 진화론적 관점으로도 잘 설명됩니다. 과거에는 상황을 빠르게 파악해 위험을 피하고 살아남는 것이 최

우선이었습니다. 그래서 부정적 정서는 긍정적인 정서보다 오래 지속됩니다. 하지만 부정적 정서는 사고를 경직시키고 시야를 좁히며 어리석은 판단을 유도합니다. 부정적 정서에 빠지면 자동으로 부정적인 방식의 정보 처리 루트가 작동합니다. 이는 부정의 알고리즘을 확대 재생산합니다.

솔직함의 힘: 솔직한 사람에게
기회의 문이 열린다 _____

저는 어렸을 때 부모님이 이혼하셨어요. 어머니는 집을 나가셨고 아버지와 살게 되었어요. 아버지가 집에 들어오지 않는 날이 더 많았어요. 초등학생이었던 저는 저녁이 너무 싫었어요. 낮에는 친구들과 잘 어울려서 놀았지만, 저녁이 되어 어두워지기 시작하면 친구들은 엄마가 밥 먹자고 불러요. "현숙아, 밥 먹자." 친구들은 하나둘 따뜻하고 환한 집으로 들어가요. 저는 컴컴한 빈 집에 혼자서 문을 열고 들어가야 했어요. 그래서 지금도 해 질 무렵을 안 좋아해요. 그때 제 친구는 TV였어요. TV를 보면서 저녁을 혼자 먹고 밤에도 무서워서 TV를 켜고 잤어요. 그러다가 코미디 프로그램 '개그콘서트'를 아주 좋아하게 되었어요.

학교에 가서 '개그콘서트'에서 재미있게 본 것들을 따라 하면 친구들이 웃어주었어요. 아이들이 관심을 가져주는 것이 너무 좋아서 개그콘서트를 더 열심히 따라 했어요. 제가 초등학교 3학년이 되었을 때, 담임선생님이 필기하시려고 칠판에 돌아선 순간, 저는 또 일어서서 개그콘서트의 코믹한 표정을 반 아이들에게 보여주고 얼른 앉았어요. 같은 반 아이들이 큰 소리로 웃었어요. 그때 담임선생님이 몸을 확 돌려서 저를 똑바로 바라보면서 이야기했어요. "너는 아이들 관심을 받으려고 이런 짓을 하는 거야. 이 어릿광대 같은 놈아! 한 번만 더 교실 분위기를 흐려보렴. 진짜 혼날 줄 알아라!"

저는 이 이야기를 들으면서 무안하고 서럽고… 어린아이지만 말할 수 없는 모멸감을 느꼈어요. 믿어지지 않을 수도 있겠지만, 저는 그 순간부터 초등학교를 졸업할 때까지 학교에서 거의 말하지 않았어요. 그 순간의 충격이 너무 커서 아예 입을 닫고 살았어요. 그리고 중학교에 입학하고 저는 그 동네에서 유명한 비행 청소년으로 컸어요. 담임선생님의 그 한마디가 어린 저를 그렇게 만든 거예요.

그럼 이제부터 그 비행 청소년이 어떻게 '말하기와 토론' 강의를 듣는 연세대학교 학생이 될 수 있었는지 말씀드리겠습니다.

이 자기소개 스피치의 시작을 들으며, 마음이 아팠습니다. 개그콘서트 흉내 내기는 이 학생이 어떻게든 외로움과 고립감을 뚫고 살기 위해서 쓴 안간힘이었을 겁니다. 그런데 그 마음을 그렇게 함부로 대하다니…. 저로서는 이해하기 어려웠습니다. 담임선생님의 말대로, 이 친구의 개그맨 흉내는 '같은 반 아이들의 관심을 끌고 싶어 하는 마음'에서 나오는 행동이 맞습니다. 선생님이 그 마음을 알아차렸다면, 그 절실한 마음을 살펴주고 또닥거려주어야 했을 텐데요. 담임선생님은 어린아이에게 왜 그렇게 대했을까요?

수업을 듣는 다른 학생들도 이 부분부터 순간 숙연해졌습니다. 결국 갖가지 사연을 거쳐서 이 학생은 연세대학교 학부생으로 성장했습니다. 이 학생이 사연을 발표할 때 다른 학생들과 저는 매우 집중해서 들었습니다. 자신의 꿈을 이야기하며 스피치를 마칠 때 우리 모두 정말 크게 박수를 쳐주었습니다.

그때 제일 앞줄의 남학생이 손을 번쩍 들었습니다. 그리고 이렇게 말했습니다.

"오늘 너의 솔직한 스피치 잘 들었어. 사실은 나도 부모님이 이혼해서 너와 정말 비슷한 상황이었어. 저녁마다 나도 눈물 나게 외로웠어. 나는 그 이야기를 입에 올리기도 싫어서 다른 주제를 잡았어. 하지만 그 힘들었던 시간을 너 혼자만 겪은 게 아니었다고 꼭 이야기해주고 싶어서 손을 들었어. 너의 스피치를 들으면서 눈물이 나서 혼났다. 우리 그 상황에도 이렇게 잘 컸잖아. 우리는 초년에 고생을 많이 해서 나중에 운이 아주 좋을 거야. 우리 친구 하자!"

그리고 두세 명의 학생이 더 손을 들고 일어나서 자신의 힘들었던 이야기를 들려주며 공감의 말을 던졌습니다. 수업 중 가장 감동적인 순간이었습니다. 이것이 솔직함의 힘입니다. 솔직함은 솔직함을 낳습니다. 솔직함으로 이어진 관계에는 의미와 깊이가 생깁니다.

저와 가깝게 지내는 이공계열 B 교수는 성품이 좋고 자신의 분야에서 인정받는 뛰어난 학자입니다. 그래서 B 교수의 랩에 들어가고 싶어 하는 학생들이 많습니다. 그런데 어느 날 타 학교 학생이 적극적으로 면담을 신청해서 B 교수와 랩에서 만났습니다. 당시 B 교수는 새로운 학생을 선발할 계획이 없었지만, 그 학생이 자신과 면담을 적극적으로 신청하기에 한번 만나서 이야기를 들어보겠다는 생각으로 미팅을 잡았습니다.

그런데 막상 학생을 만나보니 학업에 대한 열의도 높고 태도도 반듯했습니다. 하지만 그때까지도 B 교수는 그 학생을 랩에 받으려는 생각이 거의 없었습니다. 게다가 그 학생이 전공하려는 분야를 들어보니 마침 옆 방의 C 교수의 랩에 적합한 듯 보였습니다. 그래서 B 교수는 "C 교수의 랩을 찾아가서 상담하는 것이 어떨까?"라고 제안했습니다. 그랬더니 그 학생이 곧바로 다음과 같이 대답했습니다.

"아, C 교수님 랩이요? 이미 면담했습니다. 그런데 저를 연구원으로 받아주시기 어렵다고 하셨습니다."

해맑게 있는 그대로 솔직하게 이야기하는 학생을 보고 그 순간 B 교수는 이 학생을 본인의 랩에 받아주기로 마음먹었습니다. 그는 얼마 뒤 제게 이렇게 말했지요.

"이렇게 솔직하게 이것저것 재지 않고 이야기할 수 있는 학생을 찾고 있었어요. 솔직함, 정직함, 이러한 덕목들이 앞으로 뛰어난 과학자가 될 수 있는 가장 좋은 자질이라고 생각해요. '바로 옆의 랩에서 자신을 이미 거절했다고 하면 이 교수님도 자존심 때문에 나를 안 받아주시면 어쩌지?'라고 생각하지 않고 그냥 그 순간 솔직하게 이야기하는 모습을 보면서 이 학생을 뽑아야겠다고 생각했어요. 정직한 품성, 반듯한 태도를 가진 사람이라면 앞으로 훌륭한 과학자가 될 가능성이 크다고 생각했습니다.

그 학생은 제 랩에서 연구를 꾸준히 잘 해내서 지금 연구실 전체의 방장이에요. 물론 처음에는 다른 학교에서 와서 잘 모르는 부분들도 있었고, 연구할 때 다른 학생들보다 부족한 부분들이 있기도 했어요. 하지만 그 학생은 정말 열심히 했어요. 연구에 어려움을 겪을 때도 회피하지 않고, 묵묵히 어려운 과제에 매달려서 집중하는 힘을 보여주었어요. 가장 먼저 랩에 출근해서 밤 늦게까지 열심히 했어요. 한 학기 한 학기 쑥쑥 성장했어요. 몇 해 만에 그 학생은 저를 도와서 공동 저자로 국제 저널에 논문을 여러 개 발표했어요. 후배들도 그 학생을 많이 따라요. 이 학생 뽑기를 참으로 잘했다고 생각해요."

계산 없이 솔직했던 그 학생은 솔직함의 힘으로 기회의 문을 열었습니다. 흔히 솔직하면 손해를 보리라 생각합니다. 그러나 장기적으로는 솔직하지 않고 잔머리를 쓰는 사람들이 손해를 봅니다. 사람들은 자신이 좋아하는 사람들에게 기회를 주려고 애쓰기 마련이고 보통은 솔직한 사람을 좋아합니다. 결국 일도 관계도 원칙에 충실한 사람들, 일관성 있게 진정성 있는 사람들이 잘 해내기 마련입니다.

일찍이 칼 로저스 역시 솔직을 강조했습니다. 인본중심주의 상담심리학에서는 모든 사람이 본질적으로 선하고, 타고난 자기실현성향이 있음을 강조합니다. 사람은 자연적으로 성장에 대한 기본 성향을 갖고 태어났다는 것이지요.

우리가 어렸을 때에 어서 커서 학교에 다니고 싶어 했던 것, 기억들 하시나요? 동네 언니, 오빠들이 학교에 입학해서 더는 동네 놀이터에서 우리와 놀지 않고 책가방을 메고 학교에 가는 것을 부러운 마음으로 쳐다보았습니다. 1학년에 입학한 옆집 언니가 숙제를 받아와서 노트에 무언가를 적고 있으면 '저 노트에 그 숙제라는 것을 해보고 싶은 마음'이 간절했습니다. 막상 학교에 다니면서 하루 이틀 지나면서 그 마음이 줄어들기는 하지만, 그 숙제하고 싶은 마음이 곧 우리의 타고난 자기실현성향입니다. 인본중심주의 상담에서는 사람들 간의 진실하고 개방된 소통, 상호작용적인 소통이 인간의 '내면적인 성찰'을 촉진해 결국 인

간의 심리적 성장을 유도한다고 제시합니다.[69]

이 가운데에서 칼 로저스는 특히 '솔직함', '솔직함의 전염성'을 강조했습니다. 그에 따르면 솔직한 소통은 개인이 성장하는 기반이 됩니다. 또 이는 전염과 확장을 거듭합니다. 한 사람이 솔직하게 생각과 감정을 표현하면 상대방도 솔직해질 가능성이 커집니다. 솔직함은 솔직함을 낳아서 솔직함의 상호작용은 매우 강하게 확장됩니다. 반대로 한 사람이 마음속에 있는 말을 하지 않고 앉아 있으면 솔직하던 사람들도 점차로 입을 다물게 됩니다.

솔직함을 통해서 우리는 진정한 '나 자신'으로서 다른 사람들과 의미 있게 연결됩니다. 솔직해야 사람들과 진정으로 마음을 주고받으며 깊이 있는 관계를 맺을 수 있습니다. 한 사람의 솔직함이 그룹의 솔직함으로 전염되고, 작은 그룹의 솔직함들이 모여서 큰 그룹을 움직이고, 이는 궁극적으로 사회 전체에 영향력을 끼칩니다. 한 번뿐인 소중한 인생, 나와 남을 함부로 속이지 말고 우리 투명하고 솔직하게 진정한 나 자신으로 살아보아요.

인간관계
상호작용의 법칙

드와이트 아이젠하워 대통령은 미국에서 널리 존경받는 대통령 중 하나입니다. 그는 미국이 제2차 세계대전에 참전했을 때 5성 장군이었습니다. 그는 밤에 불쑥 막사로 찾아와 사병들을 한 명씩 만나는 것으로 유명했습니다. 전쟁의 공포로부터 사병들을 격려하기 위함이었습니다. 아이젠하워는 한밤중 장병들을 찾아갈 때 사진사를 대동해서 장병들과 사진을 찍었습니다. 그리고 막사에 돌아와 사진과 함께 친필 편지를 적었습니다.

미국을 위해, 세계의 민주주의를 위해 전쟁터에 보내주신 부모님과 가족분들께 경의를 표합니다. 아드님은 건강하게 지내고 있고, 중요한 업무를 충실히 수행 중입니다. 아드님을 전쟁터에 보내주신 부모님과 가족분들의 용기와 희생에 군을 대표해 다시 한번 깊이 감사드립니다.

이러한 편지들은 속속 사병들의 고향에 도착했습니다. 이는 아이젠하워가 평소 강조하던 '인간적인 교감이 있는 리더십'과 통하는 행동이었습니다. 아들을 전쟁터에 보내고 마음 졸이고 근심하며 지내던 부모와 가족들은 아이젠하워 대통령과 함께 찍은 아들의 사진과 친필 편지를 받고 크게 감동했습니다. 친지와 동네 사람들에게 자랑도 했을 것입니다. 군에서 시작한 그의 명성은 빠르게 번져갔습니다. "우리는 아이크(아이젠하워 대통령의 애칭)를 사랑해!"는 미국 전역에서 흔히 들을 수 있는 인기 구호가 되었습니다.

그는 자신의 위치에서 할 수 있는 최선을 세상에 돌려주고 싶어 했던 사람입니다. 사진을 찍어서 고향으로 보낸다는 훌륭한 아이디어는 그냥 하늘에서 뚝 떨어진 것이 아닐 것입니다. 아마 아이젠하워가 사병들을 위해서 무엇을 하면 좋을까 정성을 들여 궁리한 끝에 나온 생각일 것입니다.

세월이 흘러 그는 미국의 대통령이 되었습니다. 아이젠하워 장군이 한밤중 병사들을 찾아갈 때, 그의 고향에 보내줄 사진을 같이 찍을 때, 그런 식으로 인기몰이해서 장차 기필코 대통령이 될 거라고 미리 전략적으로 마음먹지는 않았을 겁니다. 그저 순수하게 자신이 줄 수 있는 좋은 것을 세상에 주었더니 세상도 그에게 사랑과 존경으로 답했습니다. 이것이 관계의 상호작용 법칙, 세상과 나의 상호작용의 법칙입니다. 이는 경영학 이론의 간접 네트워크 효과indirect network effect와도 통하는 원리입니다.

내 아버지 이야기

어려운 형편의 집에서 장남으로 자란 저희 아버지는 학업이 월등해 두 번을 월반하셨습니다. 그래서 동기들보다 어린 나이에 대학에 입학하셨습니다. 당시에는 학교를 늦게 입학하거나 출생신고를 한두 해 늦게 한 사람들도 많아서 아버지는 고등학교 때부터 대학까지 늘 동기들보다 서너살 어린 편이었습니다. 명문 고등학교에서도 최우등으로 졸업을 하신 아버지는 동기들이 흔히 가고 싶어 하는 명문대 대신 육군사관학교에 입학하셨습니다. 나라가 어려운 상황에서 군인이 되어 나라를 지키고 싶은 마음도 있었지만, 그보다 더한 현실적 이유는 어려운 집안 형편과 다섯 명의 동생들이었습니다. 본인의 학비라도 덜고 싶은 마음이 크게 작용했던 것입니다.

육사에서 우수한 성적으로 임관한 아버지는 소대장, 중대장의 임무를 맡아서 부대원들을 돌보며 묵묵히 일하셨습니다. 그러나 1960년대 한국의 어려운 경제와 어지러운 정치 상황 속에서 장교 생활은 아버지의 이상처럼 보람되게 흘러가지만은 않았습니다. 국방부에서 보급되는 식사는 최전방으로 향하면서 점점 줄어들었습니다. 남은 음식의 양도, 질도 형편없었습니다. 콩나

물과 정체 모를 국, 깍두기가 전부인 날도 많았습니다. 게다가 밤이면 일부 못된 고참 사병들이 신참 사병들을 막사 밖으로 불러내서 이유 없이 구타했습니다. 아버지는 밤이면 수시로 막사를 순찰해 선임들의 구타를 막아보려고 애쓰셨습니다. 그리고 아버지는 부대원들의 부실한 식사를 보충해주기 위해서 자신의 월급을 털어서 시장에서 돼지고기를 사서 사병들과 찌개를 끓여 저녁 식사를 하곤 했습니다.

아버지가 새로 부임한 소대에서 사병들은 1년 넘게 월급을 받지 못했습니다. 어수선한 틈을 타서 중간에서 누군가가 사병의 월급을 가로챈 것이었습니다. 소위였던 아버지는 직접 사단 본부에 찾아가서 사병들에게 월급을 지급해달라고 강력하게 요청하셨습니다. 여러 차례의 요청 덕분에 아버지의 소대부터 사병들의 월급은 제대로 지급되었습니다. 이러한 일들 덕분에, 아버지의 부대원들은 아버지를 강하게 믿고 따랐습니다. 하지만 이렇듯 리더십을 발휘하며 열심히 자신의 임무를 해나가면서도 아버지의 마음 한편에는 늘 허전함이 자리 잡고 있었습니다.

"이렇게 나의 젊은 날이 다 지나가는구나. 넓은 세상에 나가 봤으면, 더 많이 배웠으면!"

현실이 팍팍할수록 더 공부하고 싶은 마음, 더 넓은 세상에 나가서 새로운 것들을 배우고 싶은 마음이 자라고 있었습니다.

그러던 어느 날 밤늦게, 아버지의 최전방 관사로 사단 본부의 인사참모가 불쑥 찾아왔습니다. 자신의 아내가 난산해서 적합한 혈액형을 찾는데 아버지의 혈액형과 일치하니 수혈을 해달라는 것이었습니다. 나중에 알고 보니 인사참모 숙소 근처에 많은 장교와 병사들이 있는데도 평소에 음주를 잘 하지 않는 아버지에게 수혈받고 싶어서 찾아온 것이었습니다.

아버지는 전방까지 따라와 고생한 같은 부대 선배의 아내의 산후가 안 좋다고 하니 선뜻 수혈에 응하셨습니다. 아버지 기억에 커다란 병으로 두 병 정도 피를 뽑았는데, 수혈한 후 선배에게 인사하려고 일어서는데 젊은 나이에도 핑하고 어지러웠다고 하셨습니다. 아버지는 이후 바쁜 일과 속에서 이 일을 잊고 소대장 임무에 집중했습니다. 그러던 어느 날 갑자기 아버지 소대 전체가 사단 직속으로 이동하라는 명령이 내려졌습니다. 당시 사단 직속 부대가 되는 건 모두가 바라는 좋은 일이었다고 합니다. 아버지는 속으로 그분이 아버지에게 감사의 표시를 했다고 생각하셨습니다. 그렇게 사단 직속 소대에서 평화롭게 지내던 어느 날, 친한 육사 동기가 아버지에게 찾아왔습니다.

"김 대위, 우리 오늘 밤 서울 가지 않을래? 서울에서 내일 풀브라이트 장학금 시험(외국인의 미국 대학원 유학을 지원하는 미국 정부 장학금)이 있어. 내일이 시험인데 오늘에야 공문이 부대에 도착했어. 우리가 사단 본부에 있어서 그나마 이 공문을 볼 수 있는 거야. 그 시험에 붙으면 우리는 미국에 유학 갈 수 있다고!"

늘 배움에 대한 갈망이 있던 아버지에게는 정말 솔깃한 이 야기였습니다. 곧바로 아버지와 친구 분은 서울로 향했습니다. 결국 풀브라이트 시험에 붙은 아버지는 보름 동안 배를 타고 샌 프란시스코로 들어가서, 육지로 이동해 미국 동부의 군사학교에 입학하셨습니다. 그 군사학교에서 아버지는 정말 많은 것을 배 웠습니다. 이를테면 지금 제가 학부생들에게 가르치는 '말하기 와 토론' 같은 강좌를 아버지는 1960년대 미국에서 접하셨습니 다. 장교의 리더십, 영어 말하기와 쓰기, 미국전쟁사, 세계사 등 을 이 시기에 배우셨습니다. 만약 사단 직속으로 군대가 이동하 지 않았다면 아버지는 풀브라이트 장학금의 공문조차 받지 못했 을 것이고, 유학의 기회는 없었을 것입니다.

전쟁 직후 가난하기 짝이 없는 나라, 그 가운데에서도 어려 운 형편인 집안, 가족을 위해서 군인이 되었던 아버지… 공부가 더 하고 싶었지만, 전방에서 전방으로 다니며 도저히 방법이 없 을 것 같았던 한 젊은이의 꿈은 그렇게 전혀 생각하지도 못한 방 식으로 이루어졌습니다! 곤경에 처한 주변 사람을 위해서 두 번 생각할 것도 없이 순수한 친절함을 베풀었던 그 일은 점dot과 점 을 연결해서 넓은 세상으로 나아가고 싶어 했던 아버지의 간절 한 소망을 이루어주었습니다. 그리고 그 유학은 두고 두고 아버 지에게 많은 기회의 문을, 애초에 아버지가 생각도 하지 못했던 기회들을 열어주었습니다.

이것이 제가 강하게 믿는 '인간관계 상호작용의 법칙'입니다. 내가 타인들로부터 사랑과 존중을 받기를 원한다면 나부터 상대에게 사랑과 존중을 주어야 마땅합니다. 나는 상대방에 험담을 일삼으면서 상대방이 나를 좋아하기를 바라는 것은 '이루어지기 힘든 바람'입니다. 그야말로 미션 임파서블mission impossible입니다. 상대방에게서 사랑할 점, 존중할 점을 발견하는 것도 능력입니다. 나 자신이 열려 있고 겸손하고 너그럽고 통찰력이 있고 영민할 때에 비로소 우리는 상대의 장점들을 제대로 볼 수 있습니다. 장점을 잘 볼 수 있어야 우리는 상대방을 존중할 수 있습니다. 내가 세상에 친절하면 세상도 내게 좋은 방식으로 다가옵니다.

내가 교만할 때는 아무리 훌륭한 사람이 옆에 있어도 그에게서 배울 점을 잘 발견하지 못합니다. 그래서 상대방을 존중할 줄 모릅니다. 내가 나 자신으로 꽉 차 있을 때는 아무리 매력적인 사람이 옆에 있어도 상대방을 진정으로 좋아하기 어렵습니다. 그래서 그만큼 행복에서 멀어집니다. 늘 무언가 부족하고 불만스럽습니다. 그리고 다른 사람들도 교만한 그, 상대를 좋아할 줄 모르는 그, 늘 부정적 분위기의 그를 좋아해주지 않습니다. 이것이 사람이 교만할 때에 받는 벌입니다. 다른 사람들의 좋은 점을 알아볼 수 있는 나, 나의 장점을 제대로 인정해주는 사람들과 건강한 관계를 맺으며 사는 삶, 그것이 곧 행복이고 성공입니다.

관계의 성공은
'나 자신'에게 달려 있다 _____

흔히 소통을 이야기하면 대인소통interpersonal communication
을 주로 생각합니다. 그러나 모든 소통의 시작은 '자신과의 소
통'입니다. 자신과의 소통이 먼저 있어야 타인과의 소통이 가능
합니다. 하버드대학교의 하워드 가드너 박사도 다중지능이론
에서 자기이해지능intrapersonal intelligence과 대인지능interpersonal
intelligence을 나누어서 지능의 하위 요인들로 제시했습니다. 연구
에 따르면 자기이해지능은 다양한 다중지능이론의 하위 요인들
중에서도 가장 강력한 성공 예측 요인입니다.[70] 논리-수학적 지
능, 언어 지능 등은 각각 특정 분야에서 성공에 영향을 주지만,
극단적으로 성공한 사람들의 일반적인 공통점은 자기이해지능
이 높습니다.

자기이해지능은 자신의 감정, 의도, 동기를 잘 이해하고 자
신을 잘 다룰 수 있는 능력을 가리킵니다. 자기이해지능이 높은

사람은 자신의 강점과 약점을 잘 이해하고 복잡한 상황에서도 현명한 결정을 내릴 수 있으며 감정을 조절하는 자기조절 능력이 뛰어납니다.[71] 성공을 위한 핵심 역량을 갖춘 것입니다.

사람들은 거의 매 순간 자신과 대화합니다. 타인에게 말하기 이전에 자기에게 먼저 말해보기도 합니다. 이는 '혼자 생각하기'일 수도 '혼자 중얼거리기'일 수도 있습니다. 흔히 자신과의 소통은 대인소통과 대비되는 개념으로 자기이해 커뮤니케이션 intrapersonal communication이라고 지칭됩니다. '자신과의 말하기' 혹은 '상상의 상호작용imagined interaction'은 가장 강력한 커뮤니케이션 중 하나입니다.[72] 최근에는 자기이해 커뮤니케이션을 넘어서는 보다 확장된 개념으로 내면소통inner communication을 제시하기도 합니다. 내면소통은 한 개인으로서의 사람뿐 아니라 본질적인 존재로서의 자아, 명상에서 지칭하는 근본적인 자아인 배경 자아까지 포함하는 개념입니다.[73] 자신과의 커뮤니케이션은 사회적 활동이 아니라고 생각할 수도 있지만, 이는 충분히 사회적입니다. 이를 위해서 사용하는 언어는 사회적 언어이기 때문입니다. 스스로를 책망하거나 부정적으로 평가하는 것도 사회적 행동입니다.

우리는 내면소통을 통해서 세상과 계속 타협해나갑니다. 이러한 과정에서 우리는 자신을 새롭게 정의하고 변화시켜나갑니다. 이때 긍정적 정서를 기반으로 자아가 확장되면 자신과의 관계가 좋아집니다. 자신과의 관계가 좋아야 타인과의 관계도 좋아집니다. 나를 사랑하지 못하는 사람이 어떻게 상대방을 이해하고 사랑할 수 있을까요. 이러한 맥락에서 저는 수업에서 학생들이 스피치할 때 마음 깊은 곳에서부터 긍정적으로 자신을 생각하기를, 그리고 이를 명확하게 표현하기를 요청합니다. 그리고 학생들에게 자신의 부정적 생각, 부정적 내면소통을 이러한 방식으로 하나씩 구체적으로 개선해보기를 권합니다.

> 저는 산만해요 → 에너지가 넘치는 나
>
> 갑갑한 나 → 신중한 나
>
> 소심한 나 → 배려심 있는 나
>
> 귀가 얇은 나 → 공감하는 나
>
> 외골수인 나 → 집중력이 좋은 나
>
> 실속 없이 주책 부리는 나 → 타인의 일에도 적극적인 나

연인 관계에서도 연애가 깨진 후, 보통 친구들에게 다음과 같은 위로를 받게 됩니다.

"그 사람이랑 너랑 안 맞아서 그래. 다음번에 너랑 잘 맞는 사람 만나면 돼."

그러나 결론부터 이야기하자면, 연애가 잘 되기 위한 첫 번째 조건 역시 '내가 얼마나 긍정적이고 내 삶에 만족하는 사람인

가'입니다. 내가 자신과 상대에 대해서 부정적인 사람이어서 연애가 잘 안 이루어진다면, 누구를 만나도 결과는 마찬가지일 것입니다. '잘 맞는 사람'을 만나려고 노력을 기울이는 것보다는, '나 자신이 긍정적인 사람, 나에게 만족하고 자부심을 가질 수 있는 사람'이 되는 것이 우선입니다.

연애 관계의 전문가인 서맨사 조엘Samantha Joel 교수는 이와 같은 사실을 양적 분석 연구를 통해 입증했습니다. 조엘 교수는 연애의 성공 요인을 밝히기 위해 이전에 수행된 연애에 대한 대규모 데이터를 확보했습니다. 그녀는 85명의 관련 과학자와 1,196명 커플의 데이터, 43편의 관련 논문을 분석하는 공동연구를 수행했습니다. 조엘 연구진은 머신러닝 기법으로 데이터를 분석했습니다. 이 방대한 데이터에서 조엘 연구진이 얻은 큰 결과는 '관계의 예측 불가능성'이었습니다. 연인 두 사람의 배경, 취향, 가치관, 관심사, 취미 등등은 행복한 연애에 유의미한 영향을 주지 못했습니다.

AI는 세계 최고의 바둑 선수를 이겼지만, 인간의 연애에 관해서는 별다른 예측을 하지 못했습니다. 누가 인기가 많을지는 예측할 수 있지만, 누가 좋은 연애 상대인지는 예측이 어려웠습니다. 대신 조엘 교수가 발견한 것은 행복한 연애의 성공 여부는 상대방이 아닌 '나 자신'에게 달려 있다는 점이었습니다. 연인이 어떤 사람인지, 연인이 나와 잘 맞는지보다 중요한 것은 '내가 얼

마나 긍정적이고 내 삶에 만족하는 사람인가'였습니다.[74]

'스트레스 생성 모델stress generation model' 역시 자신과의 소통의 중요성을 확인해줍니다. 우울증을 앓고 있는 사람은 배우자와 스트레스에 가득 찬 상호작용을 하게 됩니다. 이는 더 많은 스트레스를 가져옵니다. 그리고 불만족스러운 결혼생활이 펼쳐집니다.[75] 결혼생활에 대한 93개의 논문을 메타 분석한 연구에서도 결혼생활의 만족도가 높은 사람들의 가장 큰 특징은 본인의 높은 행복 수준이었습니다.[76]

제가 보기에 서맨사 조엘 교수의 대규모 연구가 우리에게 던져주는 통찰은, 내가 더욱 긍정적인 사람으로 변화하고, 더욱 내 삶에 만족하는 행복한 사람이 되는 것, 즉 내가 더 좋은 사람이 되는 것이 좋은 관계를 위한 최우선이라는 점입니다. 연인과 헤어진 다음 서로를 탓하기보다는 '아직은 내가 더 좋은 사람이 되어야 하는구나.'라고 자신을 돌아보는 것이 우선입니다. 이번 만남에서 실패했다면 상대방을 탓하거나 미워하는 데에 에너지를 쏟지 말고, 대신에 '앞으로 내가 더 좋은 사람, 더욱 긍정적이고 행복한 사람'이 되는 것에 초점을 맞추는 것이 바람직합니다. 나로서 살아가면서 더 좋은 사람이 되기 위해서 나 자신부터 돌아보기, 이것이 우리에게 진정한 마음의 평안함을 가져다줄 것입니다. 이렇게 나를 변화시켜나가면 이후의 새로운 만남들은 이전과는 달리 잘될 가능성이 훨씬 높아질 것입니다.

관계성 향상
전략 7가지

관계를 맺는 능력은 정해져 있을까요? 연구에 따르면 태어나면서부터 대인지능이 높은 사람도 있지만, 노력으로 관계성을 향상시킬 수도 있습니다. 관계성을 향상시킬 수 있는 전략은 다음과 같습니다.

첫째, 사람들은 행복감 높은 사람에게 자석처럼 끌립니다

불행하고 외로운 이들에게는 좋은 사람들이 필요합니다. 그러나 삶은 공평하지 않습니다. 사람들은 이미 행복하고 친구도 많은 사람 주위에 몰려듭니다. 감정은 전염력이 강합니다. 행복한 사람들의 긍정적 정서 역시 주위 사람들에게 확장됩니다. 그래서 사람들은 행복한 사람 주변에 있으면 자신도 긍정적인 경험을 할 수 있으리라는 기대감을 무의식적으로 갖게 됩니다. 행복한 사람에게 자석처럼 끌립니다.

　사람들은 행복감이 낮은 사람을 쉽게 알아보고 본능적으로 경계합니다. 그 사람 옆에 있다가 부정적 정서가 전염되면 내가 힘들어진다는 사실을 직감하는 것입니다. 그래서 아이러니하게도 친구가 많은 사람에게는 자꾸 친구가 더 생기고 친구가 없어서 친구가 필요한 사람에게는 친구가 생기지 않습니다.

　행복론을 학문으로 끌어 올렸다는 평을 받는 에드워드 디너와 긍정심리학파의 주역인 마틴 셀리그만의 연구에서도 행복한 사람들의 관계성은 유의미하게 높았습니다.[77] 이들은 222명의 일리노이주립대학교 학부생들에게 51일 동안 매일 보고서를 제출하도록 했습니다. 보고서는 생활만족도, 긍정적 정서, 부정적 정서 등을 묻는 설문을 포함하였습니다. 그리고 보고서를 바탕으로 학부생들의 삶의 만족도를 상위 10%(22명), 중간치(60명), 하위 10%(24명)을 나누었습니다. 분석 결과 삶의 만족도가 높은 집단은 혼자 있는 시간이 가장 적었고 매우 높은 수준의 관계성을 나타냈습니다. 반면 삶의 만족도가 낮은 집단은 가족이나 친구들과의 관계 수준도 낮았습니다.

　행복도가 높을수록 관계성은 향상되며, 관계성이 높으면 행복도도 높았습니다.[78] 평균 연령 42세의 성인 201명을 대상으로 수행한 연구에 따르면, 사회적 지지를 받으면 행복감이 증가했습니다.[79] 결혼한 사람들의 주관적 안녕감은 유의미하게 증가했으나 이혼한 사람들은 부정적 효과를 나타냈습니다.[80] 이처럼 긍정적 정서는 관계성을 향상하고 다시 관계성의 향상은 행복도를 높여주는 상호-유기적인 관계를 갖습니다. 그러므로 대인관계 향상을 위해서는 자신부터 행복해져서 긍정적 정서를 키우는 것이 우선입니다.

둘째, 관계는 먼저 깊어진 다음 넓어집니다

사람들이 새로운 사람에게 집중하는 또 다른 이유는 자신의 영역을 넓히려는 의욕 때문입니다. 네트워크를 넓히려는 마음으로 사람을 대하다 보면 이미 친구가 된 사람과의 관계는 당연하고 시시해집니다. 그가 나의 네트워크 확장에 도움이 되지 않는다는 생각이 듭니다. 이는 심각한 착각입니다. 왜냐하면 인간관계는 먼저 깊어지고 그다음 넓어지기 때문입니다. 오래된 친구와 잘 지내는 일은 그 자체로서 의미가 크지만, 네트워크 확장의 측면에서도 유리합니다.

이러한 원리는 학습에 대한 뇌과학에서도 잘 나타납니다. 뇌과학 연구들에 따르면 과다한 정보를 제공하면 도리어 학습 효과는 낮아집니다. 실질적인 연습과 경험이 줄어들어서 효율적인 신경회로의 연결이 어려워지기 때문입니다. 특정 정보를 반복해 처리하면 뇌가소성의 원리에 따라서 뇌 기능이 향상됩니다. 반복을 통해 뇌신경회로가 동기화되어서 정보를 효과적으로 처리할 수 있는 겁니다. 그러므로 학습의 깊이와 범위 중, 항상 깊이가 범위보다 우선이 되어야 합니다.[81] 이러한 학습의 원리는 인간관계에서도 그대로 적용됩니다. 관계를 한꺼번에 넓히려고 하면 도리어 하나의 인간관계도 제대로 맺지 못합니다. 인간관계를 넓히는 일 자체에 치중해서 이 사람 저 사람 많이 만나려고 노력하면 도리어 제대로 된 인간관계를 하나도 맺지 못합니다. 하나둘 차곡차곡 의미 있는 인간관계를 제대로 맺으면 그 인간관계를 기반으로 또 다른 의미 있는 관계가 자연스럽게 따라옵니다.

셋째, 모두의 사랑을 받을 수는 없습니다

일찍이 상담심리학자 알버트 엘리스는 인간의 비합리적 신념으로 '모두와 잘 지내야 한다.'라는 신념을 소개했습니다. 이런 비합리적 신념을 스스로 만들어놓고 자신을 힘들게 하면서 산다는 것입니다.[82] 우리가 좋아하는 영화배우를 예로 들어보겠습니다. 연기 잘하고 품성 좋고 매우 매력적이지만 그들에게도 악플이 달립니다. 미국인들이 사랑하는 자기결정성 이론 연구자 에드워드 데시와 리차드 라이언 교수도 다음과 같이 말합니다. '모두와 잘 지내는 관계성'이 아니라 '주변의 의미 있는 타인들과의 관계성'이 중요하다고요. 국민 육아 멘토 오은영 박사의 통찰력 있는 조언도 이와 맥락을 같이 합니다.

"아이들에게 반 친구들과 모두 친하게 지내라고 강요하지 마세요. 할 수도 없는 일을 자꾸 하라고 말하니 아이가 부담스러워요. 선생님들은 교무실에서 모든 선생님과 친하게 지내시나요? 어른들은 직장에서 모두와 친하게 지내나요? 반 친구들 아니고 같은 반 아이들이에요. 친구와 같은 반 아이는 구분해주는 것이 바람직해요."

우리에게는 나와 결이 잘 맞는 주요 타인과 깊고 단단한 관계를 구축하는 일이 우선적으로 필요합니다. 모두와 잘 지내려고 할 필요 없고 그것은 가능하지도 않습니다.

넷째, 타인에게 기대하는 마음을 내려놓습니다

"주변에 마음 맞는 사람이 없어. 왜 이렇게 주위에 별로인 사람들만 있지?"라는 말을 종종 듣습니다. 그러나 이럴 때는 타인이 아닌 나에게 문제가 있는 것이 아닐지 돌아보아야 합니다.

어떤 사람들은 자신은 돌아보지 않고 상대에게는 높은 잣대를 들이댑니다. 또 상대방과 관계를 맺기 시작할 때는 큰 기대가 없다가 친해지고 나면 갑자기 기대가 높아지기도 합니다. 이와 같은 패턴이 반복적으로 나타나면 자연스럽게 주변에 친구는 없어집니다. 그 누구도 내게 무리한 수준의 기대를 하는 사람, 그러면서 혼자서 실망하고 분노하는 사람과 계속 친하게 지내기 어렵습니다.

이보다 더 나쁜 대인관계는 자신에게는 너그럽고 상대방에게는 엄격한 관계입니다. 누구에게나 자기긍정성의 편향self-positivity bias이 있습니다. 자신을 객관적으로 바라보지 못하고, 실제보다 긍정적으로 부풀려 생각하는 것입니다. 미국 사람의 80%가 자기 외모가 상위 20% 이내에 든다고 생각한다는 연구 결과도 있습니다. 반면 뇌는 타인이 잘하는 것보다 잘못하는 것에 훨씬 민감합니다. 뇌가 시키는 대로만 행동하면 관계성은 낮아질 겁니다.

주변에 좋은 사람이 끊이지 않는 사람들이 있습니다. 부러움의 대상입니다. 이들은 자신이 먼저 주변에 잘해서 그들을 좋은 사람으로 만드는 경우가 많습니다. 이들의 공통점은 자신에게는 엄격하고 남에게는 관대하다는 사실입니다. 우리는 자신에게 너그럽고 타인에게는 부정적이기 쉬운 뇌의 작동방식을 이해하고, 의도적으로 타인에게 너그러울 수 있도록 노력할 필요가 있습니다.

다섯째, 늘 정중하게 사람들을 대합니다

자기제시는 커뮤니케이션의 중요한 연구 주제입니다. 자기제시는 타인이 형성하는 자기 이미지를 만들어가는 과정입니다. 사회생활을 하면서 자신에 대한 고유성을 타협해가는 중요한 과정입니다. 자기제시는 그들 스스로가 자신을 어떻게 여기는가뿐 아니라 타인들이 나를 어떻게 지각하고 평가하는지를 반영합니다. 연구에 따르면 사람들은 사회적으로 자신을 바람직한 방식으로 제시하는 일을 중요하게 생각합니다. 이를테면 유능하게 보이기, 매력적으로 보이기, 정직하게 보이기 등입니다.[83]

자기제시에는 다양한 유형이 있는데 흔히 과시형 자기제시, 긍정형 자기제시, 낮춤형 자기제시로 나누거나, 자기강화, 자기겸손 등으로 나눌 수 있습니다. 어떠한 자기제시가 효과적인지는 소통의 맥락에 따라서 다릅니다. 하지만 일반적으로 긍정형 자기제시, 자기강화 자기제시가 선호되는 편입니다.

학부생 155명을 대상으로 수행한 연구에서도 교수학습상황에서 학생들은 과시형이나 낮춤형 자기제시보다 긍정형 자기제시를 선호했습니다.[84] 미국 캘리포니아, 하와이, 한국의 학부생들이 교수학습 상황에서 교수자의 자기제시를 어떻게 지각하는지 문화비교한 저와 동료들의 연구 결과에서도 교수자의 긍정적 자기제시가 학생들에게 선호되었습니다. 겸양의 자기제시는 호감에서도, 유능성의 측면에서도 효과가 낮았습니다.[85] 다시 말해서 교수학습 상황에서는 겸손보다는 자기강화를 통해 교수자로서의 자신의 강점을 부각시키는 것이 효과적입니다.

일반적인 대인관계에서 낯선 사람에게는 자신의 강점을 적극적으로 알리는 긍정형 자기제시, 자기강화형 자기제시가 효과적입니다. 그런데 이미 친한 사람에게는 겸양의 자기제시가 적절할 수 있습니다. 상대방이 자신의 강점을 이미 잘 알고 있는데 반복해서 장점을 알리면 반감을 살 수 있습니다. 맥락에 따라서 적절하게, 그러나 늘 정중하게 자기제시를 하는 것이 바람직합니다.

여섯째, 공감하고 또 공감합니다

관계성 향상 전략에서 공감을 다시 언급할 수밖에 없습니다. 아무리 강조해도 모자랍니다. 공감은 마음을 얻는 열쇠이기 때문입니다. 사람들은 자기 마음을 알아주는 사람에게 마음을 엽니다. 공감해야 친절을 제대로 베풀 수 있습니다. 사람들은 자신에게 진정으로 공감해주고 친절한 사람에게 마음을 터놓습니다. 모두가 바라는 의미 있는 관계는 공감에서 시작합니다. 공감을 위한 전략은 다양하지만, 공감의 가장 중요한 첫 시작은 경청입니다. 경청만으로도 사람들은 공감받고 있다고 느낍니다. 공감은 행복에서 매우 중요한 구인이므로 이 책에서는 따로 장을 달리하여 더욱 자세히 다룰 것입니다.

일곱째, 새로운 사람에게만 친절한 사람은 외로울 수밖에 없습니다

어떤 사회심리학 연구에서는 외로움을 '오랜 친구에게는 함부로 하면서 새로 만난 사람들에게는 친절한 사람들이 느끼는 상태'로 기술하기도 합니다. 자신과 이미 친하다고 생각하는 사람들은 함부로 대하고 최근에 알게 된 사람들에게는 친절한 사람들이 있습니다. 오래된 친구와 새로운 사람을 같이 만날 때, 옛 친구를 웃음거리로 삼으면서 새로운 사람과의 분위기를 띄우려는 사람들도 있습니다. 이러한 사람들은 조만간 외로워질 수밖에 없습니다. 곧 새로운 친구와도 가까워지게 되면 다시 그 친구를 함부로 대하고 또 다른 새로운 사람에게 집중할 테니까요. 그러므로 이들은 필연코 외로워집니다. 게다가 현명한 사람이라면 오래된 친구에게는 함부로 대하면서 새로운 친구에게는 친절한 사람과 계속 가깝게 지내려고 하지 않을 것입니다. 그래서 새로운 사람들에게만 친절하게 다가가는 사람들은 결국 진정한 친구가 없이 외로워집니다. 스스로를 외롭게 만드는 전형입니다.

마더 테레사 수녀는 세상에서 가장 비극적인 결핍감은 '외로움과 사랑받지 못하는 느낌'이라고 강조했습니다. 하나하나의 만남을 축복으로 바꾸는 지혜, 자신을 돌아보는 겸손함 마음, 타인에게 부정적으로 대하기 쉬운 마음을 다스리는 절제, 마음을 열고 상대의 마음에 귀 기울이는 경청의 태도로 관계성을 쌓아가야 합니다. 관계성은 삶을 의미 있고 행복하게 바꾸어줄 것입니다.

앞서 우리는 자기결정성 동기이론의 기본심리욕구인 자율성, 유능성, 관계성을 통해 행복의 조건에 대해 살펴봤습니다. 여러분도 느끼셨겠지만, 행복은 자신만 잘 챙겨서는 충족되지 않습니다. '나를 통해 타인들도 행복해지는 특별한 경험'을 해야 나 또한 행복해집니다.

2024년 파리 올림픽에서 금메달을 딴 펜싱 선수 오상욱의 인터뷰는 이러한 의미를 잘 담고 있습니다.

"오늘의 성과에 만족하지 않고 계속해서 발전하는 것이 중요해요. 그것이 경험을 만들고 한계를 극복하게 하는 것 같습니다. 경기 전에 많이 웃으려고 합니다. 힘든 일이 있을 때도 웃으면 이겨낼 수 있다고 믿고 있어요. 그리고 궁극적으로 저라는 사람을 통해 더 많은 사람들에게 영감을 주고 싶습니다."

이 책에서 제가 중심적으로 강조한 것은 3가지입니다. 삶의 선택을 스스로 해나가면서 자율성을 챙기고, 일을 열심히 하면서 과업을 잘 해낸다는 자신감을 확보하고, 주요 타인들과의 관계를 친밀하고 단단하게 잘 맺어가기입니다.

나 자신으로서 긍정적으로 자신을 바라보고 성장을 위해서 꾸준히 학습하고 유능감을 느끼면 행복한 삶이 실현될 것입니다. 내가 삶에 끌려다니기보다 한 번뿐인 소중한 삶을 주도하는 것입니다. 5장에서는 행복하고 존엄한 삶, 내가 주도하는 훌륭한 삶을 살기 위해 우리가 어떤 인간이 되어야 하고, 어떤 결정을 내리며 살아야 할지 알아보도록 하겠습니다.

LIVE AS MYSELF

Chapter 5

나로서 살아가며
원하는 사람의 마음을 얻는 법

매력과 능력의
러버블 스타

매력의 시대입니다. 사회심리학에서는 인간을 구분할 때에, 능력competence과 매력likability을 2개의 축으로 놓고 구분하기도 합니다. 이 장에서는 모두가 원하는 매력과 능력의 소유자, 다시 말해서 사랑과 존중love and respect을 받는, 즉 러버블 스타Lovable Star에 대해서 생각해보고, 어떠한 사람들이 러버블 스타이고, 우리는 어떻게 러버블 스타가 될 수 있는지의 구체적인 방법도 함께 살펴보도록 하겠습니다.

모두가 원하는 매력의 소유자

손흥민, 유재석, 어려운 상황의 나를 감싸주셨던 고3 담임 선생님, 모두가 좋아하는 능력 있는 고교 시절 절친한 친구, 평생 가족을 위해 살아오신 아버지, 늘 손주들을 예뻐하고 맛있는 것

많이 해주시고, 어려운 집안 형편도 일으키신 할머니…. 이들은 2023~2024년, 연세대학교 학부 강좌 '말하기와 토론'의 수강생들이 뽑은 '매력과 능력 있는 러버블 스타'입니다. 제가 수업에서 학생들에게 매 학기 러버블 스타를 강의하고 학생들이 뽑은 러버블 스타에 대해 듣습니다. 세월이 흐르며 학생들이 말하는 러버블 스타는 바뀌어갑니다.

사회심리학자들은 사람이 커뮤니케이션을 통해서 궁극적으로 얻고자 하는 것은 타인들의 사랑과 존중이라고 말합니다. 편견에 대한 다양한 연구를 수행하는 프린스턴대학교의 수잔 피스크Susan Fiske 교수도 같은 의미에서 '따뜻함과 역량warmth and competence'을 기준으로 사람들을 분류합니다.[86]

우리는 본능적으로 호감을 받고 싶어 하고 인정을 강하게 원합니다. 흔히 사랑과 존경은 서로 배타적인 관계, 즉 제로섬 관계에 있다고 생각합니다. 사랑스러운 사람은 존경하기 어렵고, 존경스러운 사람은 사랑스럽지 않으리라 생각하는 것입니다. 매력적이고 인기가 높은 여학생은 왠지 공부를 못할 것이라고 짐작합니다. 매번 전교 1등을 하는 학생은 함께 파티에 가기에는 지루할 것이라고 흔히들 생각합니다.

오랫동안 많은 사랑을 받아온 영화 '바람과 함께 사라지다'에서도 사랑과 존경에 대한 편견이 나타납니다. 미국 남부 조지아주 애틀랜타 농장주의 딸 스칼렛 오하라(비비안 리)는 치명적인 매력을 지닌 여자지만, 전혀 존경할 만하지 않은 사람으로 묘사됩니다. 그녀는 인근의 모든 젊은 남자들이 사귀고 싶어 하는 사람이지만, 그녀를 사랑하는 사람들도 존경하지는 않습니다. 그녀는 사랑하는 남자가 자신의 친구 멜라니(올리비아드 하빌랜드)와 결혼한다는 이야기를 듣자 홧김에 결혼을 결정하는 경솔한 사람입니다. 필요에 따라 여동생의 약혼자를 빼앗는 자기중심적인 사람입니다. 반면 그녀의 친구 멜라니는 노예들에게 친절하고, 충동적으로 날뛰는 친구인 스칼렛을 달래고, 어려운 일에 처한 사람들에게 차분하게 지혜로운 해결책을 제시하는 사람입니다. 그러나 그녀는 존경은 받지만 매력적이지 않은 사람으로 묘사되지요.

수잔 피스크 교수의 편견에 대한 연구에서도 사람들은 흔히 결혼해 아이가 있는 여성은 그렇지 않은 여성들보다 따뜻한 심성을 지녔으나, 업무 역량은 부족할 것이라는 고정관념을 갖는다고 제시합니다. 이와 같은 편견 역시 사랑과 존경의 배타적 관계를 전제로 합니다. 그러나 최근의 연구들에 따르면 사랑과 존중은 배타적인 관계가 아닙니다. 어떤 사람들은 사랑과 존중이 모두 높을 수도, 어떤 사람들은 이 둘이 모두 낮을 수도 있습니다. 호감과 존경을 축으로 직장인들을 유형화해보면 위의 표와 같습니다.

표를 살펴보면, 호감과 능력이 모두 높은 경우는 러버블 스

	낮음 ———— **호감** ————▶ 높음

▲ 호감과 능력을 축으로 구분한 직장인 유형[87]

타 유형에 해당합니다. 인기도 좋고, 역량도 뛰어난 사람입니다. 이들은 역량이 뛰어난 전문가로서 사람들의 존경을 받을 뿐 아니라 매력적이어서 사람들의 호감을 사는 유형입니다. 사람들은 누구나 러버블 스타와 함께하기를 원합니다. 그리고 스스로도 매력적인 사람이 되기를 강하게 희망합니다.

호감을 주지만 능력이 낮은 유형도 있습니다. 이들은 함께 있으면 기분이 좋지만, 일할 때는 자신의 몫을 제대로 해내지 못하는 경우가 많습니다.

능력은 높으나 호감은 낮은 유형도 있겠지요. 이들은 일할 때는 자신의 몫을 제대로 해내지만, 사람들과 잘 지내지 못하는 못하는 경우가 많습니다.

능력과 호감이 모두 낮은 유형을 소개합니다. 이들은 사람들과 잘 지내지도, 자신의 몫도 해내지 못합니다. 모두가 꺼리는 최악의 유형입니다.

당연히 사람들이 가장 원하는 유형은 러버블 스타입니다. 그러나 살다 보면 러버블 스타가 되는 것이 쉽지 않습니다. 또한 러버블 스타와 친구가 되거나 같이 일할 수 있는 기회도 흔하지 않습니다. 러버블 스타가 흔하지는 않지만 우리 주변에 존재합니다. 또한 러버블 스타는 고정fixed이 아니라 맥락context에 따라서 변할 수 있습니다. 이를테면 일도 잘하고 협업도 잘하는 A 대리는 직장에서 일할 때에는 러버블 스타이지만, 축구 모임에서는 전혀 러버블 스타가 아닐 수도 있습니다.

종종 우리는 호감과 능력 중 하나를 선택해야 합니다. 만약 우리가 둘 중 하나를 선택해야 한다면 사람들은 주로 어느 쪽을 선호할까요? 능력일까요? 호감일까요? 여러분이 잘나가는 IT 회사의 CEO라고 가정합시다. 회사에 한 사람을 뽑는다면 호감형이지만 능력이 다소 부족한 사람과 능력은 있으나 다소 비호감인 사람 중 누구를 선택할까요?

많은 사람들이 능력이 다소 부족해도 호감형의 사람, 즉 매력있는 사람을 선택합니다. 하버드 비즈니스 스쿨의 연구에 따르면 실제로 CEO들은 굳이 호감과 능력 중 선택해야 한다면 대체로 능력이 낮아도 호감형인 사람을 뽑습니다. 매출 목표가 있는 기업에서도 능력보다 호감을 택하는 것입니다. 그러니 사적인 관계에서는 말할 것도 없이 매력이 능력보다 우선입니다. 왜 기업의 CEO들마저 능력보다 호감을 선택하는 걸까요? 선행 연구들을 바탕으로 다음과 같은 주요 이유를 들 수 있습니다.

첫째, 사람들은 매력적인 것에 끌리도록 태어났습니다. 인간의 기본적인 심리입니다. 우리는 착하고 함께 있으면 편안하고 무엇이라도 내게 유익한 것을 줄 것 같은 사람에게 끌립니다. 둘째, 능력은 있으나 비호감인 사람은 대체로 부정적인 사람들입니다. 부정적인 사람이 조직에 들어오면 구성원들과 끊임없이 갈등을 만들어냅니다. 비호감, 지나치게 공격적인 사람, 부정적인 사람이 조직에 들어오면 물 흐르듯 진행할 수 있는 일들이 하나하나 시빗거리가 됩니다. 비호감인 사람으로부터 갖가지 부정적인 상황과 부정적 감정들이 생겨납니다. 이 부정적 감정은 강력한 속도로 조직 내로 전염이 됩니다. CEO와 임원들은 구성원들의 갈등 해결을 위한 소모적인 과정에 에너지를 쓰느라 정작 중요한 조직의 핵심 과업에 집중하지 못합니다. 이 갈등 처리 비용은 막대합니다. 그래서 실제로 협업을 많이 해본 리더들은 훌륭한 자질의 사람을 선택하는 것도 중요하지만, 조직 구성원들과 협업하지 못할 사람을 골라내는 데에 더욱 집중합니다. 그리고 차라리 능력이 부족해도 사람들과 잘 어울리고 협업을 하면서 배울 자세가 되어 있는 사람들을 기꺼이 선발합니다.

사랑과 존중을 모두 받는 매력적인 사람의 예시를 교수자로 살펴볼까요? 학생들은 역사를 기가 막히게 잘 가르치는 역사 A 선생님을 진심으로 따르고 좋아합니다. 선생님이 좋아지니 역사 과목에 대한 관심도 증가하고 성적도 올라갑니다. 역사 과목을 잘하게 되니 선생님이 더 좋아집니다. 어느덧 역사 과목에 대한 호감과 선생님 A에 대한 호감이 시너지를 일으키는 선순환을 이루게 됩니다.

사랑과 존중을 모두 받는 것이 쉬운 일은 아니지만 사랑과 존중은 서로에게 촉매자 역할을 합니다. 그리고 내가 사람들에게 사랑과 존중을 주고 나 또한 상호작용의 효과로 사랑과 존중을 받는 선순환도 일어납니다. 이러한 시간들이 쌓이면 마침내 나 자신이 러버블 스타에 가까워질 것이고 내가 사람들을 러버블 스타로 대해주면 인간관계 상호작용의 법칙에 따라서 나 또한 러버블 스타들에 둘러싸이게 될 것입니다.

원하는 사람의
마음을 얻는 법: 공감

스탠퍼드대학교 심리학과 교수이며, 공감의 뇌과학 연구의 권위자인 자밀 자키 교수의 저서 《공감은 지능이다》는 자키 교수 부모님의 이혼 이야기로 시작합니다. 자키 교수가 8세 때 부모님은 이혼 절차를 밟기 시작했고, 12세 때 이혼이 마무리되었습니다.

미국 유학생 시절에 만나 서로 의지하던 부모님은 경제적으로 성공하면서, 관계가 나빠졌습니다. 성공한 아버지는 아내와 아들인 자키 교수에게 종종 '나를 현금인출기와 악당을 반반 섞어놓은 존재로밖에 생각하지 않는 배은망덕한 것들'이라고 소리지르며 분노하곤 했습니다.

결국 이혼한 두 분은 서로 자키 교수를 자신의 편으로 만들려고 애쓰기 시작했습니다. 부모님은 어린 아들의 호감을 사기 위해서 미성년에게는 금지된 것들을 경쟁적으로 허용해주었습니다. 자밀 자키 교수로서는 견디기 힘든 혼란스러운 시기였습니다. 하지만 이런 혼란 속에서 그는 서서히 자신이 살아갈 방법을 찾아냈습니다. 두 분 중 한 분의 편을 드는 것이 아니라 '부모님들이 고통스러운 상황 속에서도 나에게 잘해주려고 애쓰고 있다.'고 생각하기로 한 것입니다. 12~13세 소년이 그 어려운 상황에서 우울에 빠지지 않고 이러한 생각을 해내다니 얼마나 놀라운가요.

여기에서 한 걸음 더 나아가서 자밀 자키 교수는 이러한 상황을 감사하게 받아들이는 단계까지 나아갑니다. 어떤 아이들은 부모가 서로 아이를 맡지 않겠다고 다투는데 나는 부모님이 서로 나를 자신과 한 편으로 만들려고 애쓰시다니, 감사한 일이라고 생각하기 시작했습니다. 어린 자밀 자키는 부모님과 잘 지내기 위하여 아버지와 있을 때는 아버지와 주파수를 맞추고 어머니와 있을 때는 어머니와 주파수를 맞추기로 노력했습니다. 그래서 그는 일찍이 타인에게 공감하는 법을 몸으로 터득했고 성장하여 공감의 뇌과학을 연구하는 학자가 되었습니다.

지난 수천 년 동안 인간은 공감을 통해 서로 관계를 맺을 수 있도록 진화해왔습니다. 인간은 다른 동물들보다 덩치가 작고 느리고 약한 편입니다. 그런데도 인류가 지구의 지배자가 될 수 있었던 건 타인의 감정이나 어려움을 이해하고 타인에게 감동하고 타인을 도와주려는 능력 덕분입니다. 이를테면 부모가 자식의 생존을 위해 자식을 잘 챙기는 마음의 뿌리도 공감입니다. 부모가 공감에 기반한 친절한 마음으로 자녀를 돌보지 않으면 아이는 살아남지 못합니다. 그러므로 부모의 친절은 아이에게 생존의 문제입니다. 그런데 자녀에 대한 부모의 친절은 부모 자신들에게도 결정적으로 중요합니다. 자녀가 살아남아야 자신의 DNA를 퍼뜨릴 수 있기 때문입니다. 결국 공감을 통한 친절은 인간의 중요한 생존 기술입니다.

공감은 관계를 잘 맺기 위한 핵심 수단입니다. 사람들은 자신에게 공감해주는 사람에게 마음을 열고 호감을 느끼고 의지합니다. 공감은 상대의 마음을 얻는 도구입니다. 타인의 마음을 얻지 못하고 건조한 관계만을 맺는 사람은 깊이 있는 행복감을 경험하지 못합니다. 행복감이 낮은 사람은 역량을 다 펼치지도 못합니다. 이 장에서는 생존과 번영, 행복을 위한 기본 조건인 공감의 정의, 공감의 작동 원리, 공감 향상 전략을 살펴보도록 하겠습니다.

공감이란 무엇인가?

낮은 성적에 실망해서 눈물이 글썽이는 어머니를 보고 심하게 충격을 받아서 공부를 매우 열심히 하게 된 오랜 친구가 있습니다. 어머니의 눈물에 깊은 공감을 한 것이지요. 친한 친구가 마음이 아파서 울면 나도 모르게 눈물이 핑 돕니다. 역시 공감입니다. 공감은 마치 자신도 아픈 듯 느끼는 것, 상대의 아픔과 괴로움을 마치 내 감정인 것처럼 느끼는 것을 가리킵니다.

타인의 마음에 들어갈 수 없음에도 타인이 느끼는 바를 이해하는 일이 어떻게 가능한 걸까요? 뇌과학자들은 공감을 '일화적 상상의 연장'이라고 정의합니다. 공감은 자신의 다양한 경험에 기반한 기억의 단편들을 재구성해 타인의 사고와 감정을 상상하고, 타인이 느끼는 바를 이해하려고 노력하는 과정입니다.[88]

공감은 복합적인 구인construct입니다. 공감의 정의에 대해서도 다양한 논쟁이 이어지고 있습니다. 사회심리학적 관점에서 공감의 가장 큰 특징은 '타인의 관점 조망하기perspective taking'입니다. 공감의 핵심은 나의 입장이 아니라 상대방의 입장에서 상대가 느끼는 바를 이해하려고 노력하는 것입니다. 공감은 감정이입을 의미하는 독일어 아인퓔룽Einfühlung에서 유래했습니다. 19세기 중엽 독일의 미학자들은 사람들이 예술가의 작품만 보고서 만난 적도 없는 예술가의 감정을 읽은 경험을 기술하면서, 감정이입이라는 용어를 사용하기 시작했습니다.

공감에 대한 뇌과학적 연구의 선두주자인 스탠퍼드대학교의 자밀 자키, 컬럼비아대학교의 케빈 옥스너Kevin Ochsner 교수 등 여러 학자가 다양하게 정의한 공감을 살펴보면 다음의 3가지 측면이 공통적으로 나타납니다.[89]

첫째, 인지적 공감입니다. 이는 상대방이 어떠한 감정을 느끼는지 알아차리고 이해하는 과정을 가리킵니다. 주로 내측전전두엽의 복내측전전두피질 영역이 관여합니다.[90]

둘째, 정서적 공감입니다. 이는 상대방이 느끼는 고유한 감정을 함께 느끼고 반응하는 과정을 가리킵니다. 경험 공유는 정서적 전염emotion contagion으로 설명할 수 있습니다. 모든 감정은 전염성을 갖습니다. 정서적 공감과 관련된 뇌 영역은 안와전두엽, 전전두엽, 대뇌변연계의 편도체, 뇌섬엽, 전대상피질 등입니다.[91]

셋째, 공감적 관심입니다. 공감적 관심은 타인에 대한 정서적 공감을 의미하며, 상대방의 삶을 배려하고자 하는 마음을 자아내는 내면의 동기입니다. 상대방을 도와주고 그들의 경험을 개선하려고 시도하며 자신의 괴로움도 재평가하는 과정을 의미합니다. 이는 공감적 동기empathic motivation, 동정, 동기적 관심, 정서적 조절 등을 포함합니다.[92] 우리는 공감적 관심을 통해서 상대방의 고통을 느끼고 상대를 도와줄 때 자신의 개인적인 괴로움도 명확하게 재평가할 수 있습니다. 안와전두엽, 전전두엽, 우측두정엽 등이 관여합니다.[93]

공감적 관심은 종종 행동으로 연결됩니다. 공감적 관심은 공감 능력을 측정할 수 있는 중요한 척도입니다. 이를테면 아기를 돌보는 엄마는 아기가 우는 소리를 내면 무엇이 필요해서 그러는지 곧 알아차립니다. 심지어 아기가 울기 전에도 무엇을 원하는지 알아차립니다. 아기를 돌보는 엄마의 공감적 관심은 공감의 원형입니다. 병실에서 남편을 간호하며 궂은일을 마다하지 않는 부인들의 마음 또한 공감적 관심의 좋은 예입니다.[94]

가장 친절한 자가
가장 끝까지 살아남는다 _____

가장 친절한 자가 가장 끝까지 살아남습니다. 공감은 친절의 기반이므로 진화론적으로 빠르게 발달했습니다. 호모 사피엔스들은 서로 쉽게 관계를 맺도록, 공감할 수 있도록 진화해왔습니다. 공감은 인류 비장의 무기입니다.[95]

공감의 가장 중요한 기능 중 하나는 '친절한 마음 불러일으키기'입니다. 타인의 고통을 자신의 고통처럼 느끼는 공감이 이루어져야 비로소 사람들은 친절을 베풀 수 있습니다. 상대방이 무엇이 필요한지, 무엇 때문에 마음 아파하고 있는지를 모르면서 어떻게 친절을 베풀 수 있을까요? 자기중심적인 친절은 상대에게 호감을 주기는커녕 부담만 줄 수도 있습니다. 상대의 마음을 이해하고 그의 고통과 부족함을 함께 느낌으로써 우러나오는 친절이 상대에게 유익합니다. 그리고 이런 친절은 나에게 돌아옵니다.

울타리 건너편에서 종일 테니스장을 쳐다보고 있던 어린 조코비치를 코트 안으로 불러주었던 예레나 코치의 '작은 친절'은 '테니스 세계 1위 조코비치를 키워낸 위대한 코치 옐레나 젠치치'라는 명성으로 그녀에게 돌아왔습니다. 테니스를 사랑하고, 아이들을 잘 이해했던 뛰어난 코치 옐레나는 코트 밖에서 하염없이 테니스장을 들여다보고 있던 꼬마 조코비치의 마음에 누구보다도 잘 공감했을 것입니다. 그래서 바쁜 캠프의 와중에서도 꼬마 조코비치에게 손을 내미는 친절을 베풀었습니다. 이것이 친절의 상호작용 법칙입니다.

공감의 어려움

예전에는 동네마다 정다운 구멍가게들이 있었습니다. 구멍가게는 온 마을의 사랑방이었습니다. tvN 드라마 '응답하라 1988'에서도 쌍문동 구멍가게 앞 평상은 주인공 덕선이의 아버지, 성동일이 쓸쓸하거나 기분 좋은 날 앉아서 한잔하는 곳입니다. 어느 날은 마침 바둑 대국을 마치고 귀가하는 천재 바둑기사 최택을 만나서 이야기를 나누기도 합니다.

"택아, 아저씨 술친구 좀 해다오. 아저씨는 엄마가 돌아가셔서 엄청 슬프다. 야, 택아. 너는 언제 엄마가 보고 싶으냐?"

아주 어렸을 때 엄마가 돌아가셔서 기억도 흐릿할 것 같은 택이는 잠자코 듣고 있다가 눈시울을 붉히며 대답한다.

"매일이요. 아저씨, 저는 엄마가 매일 보고 싶어요."

이렇게 동네 어귀의 구멍가게에서도 가능하던 공감의 대화들이 정말 어려운 일이 되어가고 있습니다. 이제는 구멍가게 대신 인터넷에서 혼자 조용히 자신이 원하는 물품을 구입합니다. 사람을 만날 일이 점점 줄어듭니다. 이야기 나눌 일도 점차 적어집니다. 젊은 사람일수록 SNS를 많이 활용하고 대화하지 않습니다. 학생들은 전화벨이 울려도 받지 않는 경우가 많다고 합니다.

우리는 공감을 가로막는 시대를 살고 있습니다. 우리는 공감 부족에 대해서 더 많이 논의해야 합니다.

– 버락 오바마 2006 노스웨스턴대학교 졸업 연설

오바마 전 대통령도 연설을 통해서 지적했듯 사람들은 이제 타인들과 직접 만나서 소통하는 대신 자신을 가꾸고 유명해지고 즐겁게 사는 일에 열을 올립니다. 매일 어느 식당에 갈까, 무엇을 배달시킬까, 무엇을 입을까, 무엇을 바를까에 집착합니다. 자신에게 필요 이상으로 집중하면 할수록 타인에게는 관심이 적어집니다. 자연스럽게 타인의 고통에 대해서도 급격히 둔감해졌습니다. 공감이 감소하는 시대는 위험한 시대입니다. 인류의 생존 비법이 유명무실해지고 있습니다. 현대인들은 친절함을 베풀 기회도, 받을 기회도 줄어든 세상에 살고 있습니다.

타인에게 정말 큰 도움을 줄 수 있는 힘 있는 사람들은 권력에 정신이 팔렸습니다. 이들은 전 세계 사람들의 고통의 총량을 줄이기 위해서 노력하는 대신 주변의 부자들을 돕고 유권자들의 표를 얻기 위해서 온 힘을 다합니다. 한 연구에 따르면 권력의 크기와 공감 지수는 반비례 관계에 있습니다.[96] 잘 공감하던 사람들도 재력과 권력이 생기면 공감하지 못하고 사람들과 분리됩니다.

어떻게 공감을 잘할 수 있을까?

공감이 어떻게 작동하는지를 이해하면, 우리는 더 효과적으로 공감할 수 있을 것입니다. 공감의 작동 원리는 다양합니다. 공감의 주요 원리를 살펴보면 다음의 3가지로 살펴볼 수 있습니다.

첫째, 인간에게는 선천적으로 공감 능력이 있습니다. 뇌는 타인의 생각과 감정을 잘 이해하도록 발달해왔습니다. 상대방의 고통을 목격하면 자신이 직접 고통을 경험할 때와 같은 뇌 영역이 활성화됩니다. 상대방의 손이 못에 찔리는 모습을 관찰하면, 자신의 손이 찔릴 때와 같은 영역이 활성화됩니다.[97]

둘째, 인간은 자신의 안전을 지키기 위해서 공감합니다. 상대방이 다치는 것을 보고 마치 자신이 다친 것처럼 상황을 '이해'

하고 함께 '느낀다'면 우리는 효과적으로 위험을 피할 수 있습니다. 다시 말해서 우리는 공감이라는 안전장치를 통해서 다른 사람의 위험을 내 일인 것처럼 느끼는 공감을 통해서 위험을 예방할 수 있습니다.

셋째, 순간적인 영감을 받아 공감합니다.[98] 이를테면 누군가 자신의 어린 시절을 이야기할 때 순간적인 공감이 가능합니다. 연세대학교 스피치에서 부모님이 이혼한 가정에서 자랐던 학생의 이야기를 떠올려보세요. 이렇게 마음 아프고 쓸쓸한 이야기를 들을 때 사람들은 '자신의 마음 아픈 기억' 혹은 '자신의 외로운 저녁'에 대한 저마다의 기억을 떠올리며 순간적으로 영감을 받을 수 있습니다.

넷째, 트라우마를 겪은 사람들은 타인들의 어려움에 잘 감응합니다. 독일의 나치에게 가족들을 빼앗긴 사람들은 목숨을 걸고 홀로코스트의 위협에서 유대인들을 숨겨주었습니다. 가난한 이들을 잘 돕는 사람은 재력이 뛰어나거나 힘 있는 사람들이 아니라 같은 어려움을 겪어본 사람들입니다.

흔히들 어려움을 많이 겪은 당사자는 외상 후 스트레스 등으로 나약해지리라 생각합니다. 그러나 '외상 후 성장'도 있습니다. 스스로 어려움을 잘 헤쳐나가기로 선택하면 어려움은 성장으로 이어집니다. 이런 차원에서 비극적 상황을 겪은 사람들은 도리어 타인의 비극적 상황에 깊이 공감할 수 있습니다. 그리고 많은 경우 이들은 기회가 있을 때마다 상대방을 적극적으로 돕는 사람이 됩니다. 이러한 과정을 통해 '아픔'을 '의미'로 승화시키는 것입니다.

공감 향상 전략
6가지 _____

우리가 정말 힘들 때 찾는 사람은 훈계하고 해결책을 알려주는 사람이 아닙니다. 고요하게 온 마음으로 나의 어려움을 들어주고 공감하고, 진정으로 걱정해주는 사람입니다. 그런 사람 앞에서는 마음이 조금씩 평안해지고 새로운 결심이 서거나 보이지 않던 해결책이 갑자기 선명해지기도 합니다.

그런데 공감은 쉽지 않습니다. 공감이 어려운 사람도 있습니다. 심지어 공감 능력은 타고 태어난 고정된 자질이라고 생각합니다.

"교수님, 저는 공감 능력이 제로예요. 다들 대학만 오면 여자친구가 생긴다고 그랬는데 공감을 못 해서 여자친구도 생기지 않나 봐요."

그러나 심리학과 뇌과학 연구들이 우리에게 주는 기쁜 소식은 공감 능력을 향상할 수 있다는 사실입니다.

첫째, 경청하기

경청은 공감으로 가는 열쇠입니다. 일단 상대방의 이야기를 들어야 비로소 공감을 시작할 수 있습니다. 상호작용은 인간관계의 기본입니다. 서로 자신의 이야기만 한다면 교감할 수 없습니다. 상담의 기반이 경청인 것은 우연이 아닙니다. 상대방이 무슨 이야기를 하건 마음을 열고 상대방이 속 시원하게 이야기를 다 할 수 있도록 잘 들어주었다면, 공감의 상당 부분은 이미 이루어진 것입니다.

효과적인 경청을 위해서는 이야기의 본질을, 그 사람 전체를 이해하려고 노력하는 것, 공감적 경청empathic listening이 중요합니다. 상대방의 말의 형식이나 미세한 부분에 신경 쓰거나 꼬투리를 잡으려고 하면 안 됩니다. 상대방이 하는 말의 진짜 의미, 말 뒤에 숨겨진 감정적 의도, 더 나아가 그 사람의 모든 것을 이해하려고 집중하는 일이 중요합니다.

그리고 상대방의 이야기를 끊지 말고 자유롭게 이야기하도록 내버려두어야 합니다. 이를테면 적어도 10분 정도는 상대방의 말을 끊거나 반박하지 않고 듣기만 하는 식입니다. 하버드 의과대학에서 경청 훈련을 위해서 사용하는 방법 중 하나가 상대방의 이야기를 끊지 않고 10분씩 들어주기입니다. 실제로 주의 깊게 경청해보면, 2~3분 동안 타인의 이야기를 경청하기도 쉽지 않습니다.

그 뒤에는 상대방이 이야기하는 동안 잘 듣고 있다는 것을 알려줍니다. 즉각적으로 반응합니다. 중요한 부분에서 메모하거나 동의하는 부분에서 고개를 끄덕입니다.

공감을 잘 못하는 사람들의 공통점 중 하나는 이야기의 본질에 집중하지 않고 부정적인 방식으로 지엽적인 것에 신경 쓴다는 점입니다. 이를테면 '하버드대학교의 종단연구에 따르면 인간의 행복에 가장 큰 영향을 주는 요인 중 하나가 관계성이다.'라는 말을 들었다고 할 때, 본질에 집중하는 사람은 '아, 경제 수준이나 외모, 지적 능력이 아니라 관계성이 행복에 더 중요하구나. 관계를 잘 맺어서 나의 삶의 질을 높여야지!'라고 생각합니다.

반면 지엽적인 것에 초점을 맞추는 사람은 '흥! 왜 하필이면 하버드대학교의 종단연구를 거론하지? 아까 앞에서는 남과 비교하지 말고 자신에게 집중하자고 해놓고 결국 본인도 남들과 비교하는 학벌을 중요하게 생각하는 거 아닌가?'라고 생각하는 식이지요. 이렇게 비판하려고 마음먹지 말고 보다 긍정적인 방향으로 본질에 집중하면서 사람들의 말을 들어주기 시작하면 서로의 진심이 통하면서 온전하게 공감하는 길로 한 걸음 다가설 수 있습니다.

둘째, 거울 반응을 활용하기

'거울 반응'을 보이는 것도 효과적입니다. 상대방이 웃으며 이야기할 때는 같이 웃어주고, 상대방이 비참한 표정으로 심각한 이야기할 때는 나도 같은 표정으로 이야기를 듣는 것입니다. 그러면 사람들은 자신이 공감받고 있다고 느낍니다. 아이를 키울 때도 부모가 아이의 표정, 말투를 거울처럼 따라 하면 아이의 공감 능력은 효과적으로 확장됩니다.

일찍이 자기심리학의 아버지라고 불리는 하인츠 코헛Heinz Kohut은 아이들이 부모의 눈에 비친 자신의 모습을 통해 자아개념을 형성한다고 했습니다. 아이들은 부모가 자신의 무언가를 보고 감탄하면 그것을 강점으로 여기며 성장합니다. '거울 반응'에 많이 노출된 아이는 부모와 안정적인 애착 관계를 형성합니다. 잘 공감하는 사람으로 성장합니다. 반면, 부모로부터 인정과 존중을 받지 못한 아이는 부정적인 자아개념을 형성하기 쉽고 의기소침해져서 새로운 일에 도전하지 못합니다.

셋째, 눈 맞추기

모든 만남의 시작은 바라보기입니다. 우리는 태어나자마자 눈맞춤합니다. 아이와 엄마가 눈을 마주치면 유대감을 형성하는 호르몬인 옥시토신이 분비됩니다.[99] 발달 과정에서도 눈맞춤은

결정적인 역할을 합니다. 엄마와의 눈맞춤이 부족한 아이는 애착 형성이 불안정합니다. 애착형성이 제대로 이루어지지 않으면 자신감이 부족해지고, 타인을 신뢰하지 못하며, 의사소통, 감정 조절 등에서 어려움을 겪습니다. 제대로 성장하지 못하는 것이죠. 물론 공감 능력에도 영향을 미칩니다. 상대방에게 공감하고 있음을 표현하려면 반짝거리는 눈으로 상대방과 눈 맞추는 것이 효과적입니다.

온라인 강좌의 필연적인 한계는 눈맞춤이 어렵다는 점입니다. 현재 연세대학교를 포함해, 하버드, 스탠퍼드, 프린스턴, 옥스퍼드 등 전 세계 700여 개 대학교가 온라인 강좌를 운영하고 있습니다. 서울에서도 다양한 강의를 수강할 수 있습니다. 2000년대 초반부터 시작한 대규모 온라인 강의는 현재 약 6,000만 명의 사람들이 수강합니다.

그러나 온라인 강의는 수료 비율이 매우 낮다는 결정적인 약점을 안고 있습니다. 미국의 데이터를 보면 수백만 명이 온라인 강의 플랫폼에 수강을 신청했지만, 28만 명만 수료했습니다. 어떤 플랫폼의 경우 15%의 이수율에 그치고 있습니다. 교육학적으로 볼 때 교수자와 얼굴을 맞대고, 눈맞춤을 주고받는 대면 상호작용이 없기에 발생하는 문제입니다. 교수자와 학습자의 상호작용은 수업의 효과를 좌우하는 단일 요인입니다.[100] 어려운 질문에 대답할 때 감탄하고, 이해하지 못했다는 표정을 지으면

이를 알아차리고, 다시 한번 설명해주는 교수자의 배려 등이 온라인 수업에서는 이루어지기 어렵습니다.

넷째, 비언어적 표현을 활용하기

인간은 비언어적 표현을 통해 적극적으로 소통합니다. 연구에 따르면 전체 소통 중 언어적 표현의 비율은 10% 정도이고, 나머지 90%는 비언어적 표현입니다. 그래서 표정과 자세 등의 비언어적 표현은 공감의 전략으로 제시되고 있습니다.[101] 대표적으로 우리는 표정을 통해서 타인의 생각과 감정을 잘 이해할 수 있습니다.[102] 연구에 따르면 공감 수준이 높은 집단은 사진 속 인물들의 미세한 표정을 잘 읽고, 감정을 훨씬 더 정확하게 해석했습니다.[103] 컬럼비아대학교의 에릭 캔들Eric Kandel은 사람들이 다른 대상을 바라볼 때 상대방 표정의 미세한 부분을 읽으려고 할 때 공감 영역이 활성화됨을 보고합니다.[104]

그러므로 우리는 표정을 통해 상대방에 공감하고 있음을 효과적으로 표현할 수도 있습니다. 상대방이 재미있는 이야기를 할 때는 흥미로운 표정으로 함께 웃어주는 것입니다. 상대방이 억울한 이야기를 하소연할 때는 안타깝다는 표정을 지어줍니다.

비언어적 표현인 자세를 통해서도 공감을 효과적으로 표현할 수 있습니다. 인간은 마음에 맞는 상대를 만나서 이야기할 때

무의식적으로 몸을 상대방 쪽으로 향합니다. 호감 있는 상대방의 자세를 자신도 모르게 따라 하는 경향도 보입니다. 상대방이 머리를 만지면 자신도 머리를 만지고, 상대방이 손으로 테이블을 치면서 웃으면 자신도 어느덧 테이블을 치며 웃고 있습니다. 하버드 의대의 리스 교수는 표정과 자세를 공감 전략으로 제시하면서 자신은 환자 쪽으로 몸을 기울이고 눈높이는 맞추는 방법을 오랫동안 활용해 큰 효과를 보고 있다고 소개합니다.[105]

겉으로는 웃으며 서로를 대하면서 실제로는 앙숙인 정치인들이 무의식적으로 서로 등을 보이고 어색하게 반대편을 바라보며 서 있는 모습은 우연이 아닙니다. 비언어적 표현은 종종 더 솔직하고 무게감 있게 의사를 전합니다. 공감하는 상대방 쪽으로 몸을 향하고 눈높이를 맞추고 그가 웃을 때 환하게 웃어주면 공감을 실천할 수 있습니다.

다섯째, 어조를 활용하기

인간은 어조에 크게 반응합니다. 어조는 비언어적 감정 표현의 약 38%를 차지합니다.[106] 어조를 활용하는 전략은 리스 교수도 강조하는 요인입니다.[107] 똑같은 말이라도 어조에 따라서 달리 들립니다. "정말 잘났어."라는 말은 어조에 따라 극찬이 될 수도, 강한 비아냥이 될 수도 있습니다. 목소리 톤이 밝고 순수하고 문장의 마무리에서 감탄의 느낌표가 느껴진다면 긍정적인 표현입니다. 반면 톤이 어둡고 비음이 섞이면서 단어 사이가 뚝 뚝 끊기고 마무리에서 말투를 늘어뜨리면서 높낮이를 꼬아서 낸다면 부정적인 표현입니다. 이는 듣는 순간 곧바로 알아차릴 수 있습니다.

하버드대학교의 심리학자 날리니 앰바디Nalini Ambady는 공감적 말투와 강압적 말투를 사용하는 각각의 외과 의사가 의료과실 소송을 당한 적이 있는지 맞추는 유명한 연구를 수행했습니다.[108] 앰바디 교수는 외과 의사들이 환자와 대화하는 장면을 촬영한 후 말하기 크기, 속도, 리듬, 어조만 들리도록 편집해 실험 참가자들에게 들려주었습니다. 연구 결과, 참가자들은 의료 소송을 당한 적이 있는 의사와 당한 적이 없는 의사를 구분해낼 수 있었습니다. 심지어 공감적 말투를 사용하는 의사의 경우, 환자가 수간호사를 상대로 의료과실 소송을 내면서도 해당 의사는 죄가 없다고 변호한 사례도 보고되었습니다.

자기결정성 이론에서도 제시하듯이 사람들은 자율성을 선호하고 통제를 싫어합니다. 강압적 어조는 필연적으로 거부감을 불러일으킵니다. 긍정적인 내용이라도 강압적 어조로 이야기하면 반감을 불러일으킵니다. 공감적 어조를 활용해야 합니다. 밝고 맑고 순수하고 문장의 마무리에서 감탄이 느껴지는 어조가 긍정적 어조의 기본입니다. 자신만의 공감적 어조를 개발해 활용한다면 사람들과의 교감이 훨씬 더 잘 이루어질 것입니다. 하지만 습관화가 쉽지는 않습니다. 말투뿐 아니라 긍정적인 마음과 태도를 우선 갖추고 일상생활에서 늘 긍정적인 어조, 공감적 어조를 의식적으로 꾸준히 반복해서 사용해야 합니다.

여섯째, 예술을 통한 공감

코로나19 팬데믹 시절, 주말이면 아이들과 함께 '다시 보기' 기능으로 tvN 드라마 '슬기로운 의사생활'을 한 편씩 보았습니다. 감동적인 장면이 나올 때 그에 걸맞은 근사한 노래, '바람이 부네요'가 흐릅니다. 이 노래가 나오면 대책 없이 온 가족이 눈물이 핑 돌았습니다. 함께 눈물 글썽이며 드라마를 한 편, 한 편 같이 보면서 우리 가족은 우리끼리 통하는 감성이 더욱 커졌습니다. 서로를 소중하게 생각하게 되었고 서로에게 너그러워졌습니다. 같은 드라마를 보면서 함께 감동한 동지이기 때문입니다.

이 드라마는 우리 사회를 하나로 연결하는 역할도 해냈습니다. 환자들의 어려움을 생생하게, 심층적으로 다뤄서 장기를 기증하려고 결심한 사람의 숫자가 10배 정도 증가했습니다. 의과대학 지망률, 외과 의사 지망률도 급속히 높아졌습니다. 제 학생들도 "한 번 사는 인생인데, '슬기로운 의사생활'의 의사들처럼 의미 있게 열심히 살아보고 싶어요."라고 발표하는 기특한 학생들이 등장했습니다. 예술은 사회가 강력하게 공감하며 한마음으로 뭉칠 수 있는 실마리가 되어줍니다.

"피카소의 게르니카를 처음 본 순간 저는 눈물이 솟구쳐서 참을 수가 없었어요. 동시에 저는 정신과 의사가 되기로 마음먹었어요."

헬렌 리스 교수는 처음 피카소의 '게르니카'를 보았을 때 말할 수 없이 크게 감동했습니다. 피카소는 붓질과 음영을 통해서 전쟁의 비참함을 극적으로 표현했습니다. 그녀가 피카소의 전쟁 그림을 보고 이토록 강하게 반응한 배경에는 그녀의 특별한 가족사가 있었습니다. 유고슬라비아에서 살던 그녀의 부모는 제2차 세계대전이 끝난 후 모든 것을 잃고 미국으로 이민을 왔습니다. 당시 유고슬라비아에는 요시프 티토 독재 정권이 들어서면서 인종청소 사태가 일어났습니다. 리스 교수의 부모는 양쪽이 모두 독일계이고 개신교 신자여서 독재 정권의 타도 대상이었습니다. 친할아버지와 할머니, 외할아버지는 처형당하거나 수용소에서 눈을 감았습니다. 집안의 재산을 모두 몰수당했습니다. 리스 교수의 아버지와 어머니는 교회 사람들 덕분에 수용소에서 가까스로 탈출했습니다.

그러나 꿈에 그리던 미국에 와서도 리스 교수의 부모님은 출신 배경과 독일식 억양 때문에 또다시 고초를 겪어야 했습니다. 미국 사람들은 차별을 피해서 미국으로 온 부모님을 나치의 일파로 보고 심각하게 차별했습니다. 전쟁의 비참함과 이어지는 차별을 겪으며 자라난 리스 교수는 피카소의 '게르니카'를 보면서 남다른 감동을 받았던 겁니다. 그래서 정신과 의사의 꿈을 키웠습니다.

제가 그녀의 마음을 다 이해할 수는 없겠지만, 그녀가 피카소의 그림을 보며 어떤 기분을 느꼈는지 알 듯합니다. 모두가 크고 작게 차별과 비참한 순간들을 견디며 살아갑니다. 편견과 차별 속에서 어렵게 성장한 헬렌 리스 교수는 '공감'을 과학적으로 연구하는 학자가 되어서, 세상이 조금 더 서로를 이해하며 살아갈 수 있도록 도움을 주고 있습니다.

진정한 예술은 어떠한 방식으로든 우리가 연결되어 있다는 인식을 강렬하게 심어줍니다. 예술 작품을 감상할 때 사람들은 자신을 예술가의 작품에 투사하고, 이를 통해 미적 경험이 불러일으키는 감정을 느낍니다. 예술은 타인의 내면 깊숙한 곳으로 들어가는 경험을 선사합니다. 예술을 감상하는 행위는 예술가의 작품 뒤에 담겨 있는 진실을 예술가와 관람자가 공유하는 즐거운 시도입니다.[109] 공감은 일화적 상상력의 연장이라고 할 수 있는데 예술의 기반도 상상력입니다. 예술을 통하면 공감력을 향상할 수 있습니다.

나 자신의 행복을 넘어서서,
축복의 통로로서의 나

제 삶에도 전환점이 되었던, 스스로 삶을 주도했던 소중한 기억들이 있습니다. 저는 원래 학부에서 화학을 전공했습니다. 화학과를 졸업하고 곧바로 화학과 대학원에 입학했습니다. 대학원을 한 학기 다니고 갑자기 미국으로 떠나게 되어서 대학원을 휴학했습니다. 미국 노스웨스턴대학교 화학과 랩에서 방문 연구원으로 실험을 계속 이어갈 수 있었습니다. 그런데 시간이 흐를수록 제 마음은 화학으로부터 겉돌고 있었습니다. 실험과 랩 미팅이 그다지 흥미롭지 않았습니다. 그냥 해야 하니까 하는, 그런 기분이었습니다.

미국에 있는 동안 영어를 적극적으로 공부해보기로 마음먹고 노스웨스턴대학교의 퍼블릭 스피킹 강좌를 수강했습니다. 기초 이론을 배우고 연설문을 작성해서 수강생들과 교수님 앞에서 몇 차례 스피치하는 수업이었습니다. 발표의 준비부터 수행, 교수님과 수강생들에게서 피드백을 받는 전체의 과정이 재미있었습니다. 수업을 받으러 강의실에 들어갈 때마다 마음이 두근거렸습니다. 처음으로 영어 연설문을 작성한 터라 헤매고 고생도 했지만 재미있었습니다.

나름대로 주제를 정해서 열심히 준비했습니다. 교수님과 수강생들이 피드백을 주었습니다. 격려 섞인 말들이 매우 고마웠고 큰 도움이 되었습니다. 열심히 준비하고 열의를 갖고 발표를 한 덕분인지 저는 그 과목에서 기대하지도 않은 A 학점을 받았습니다. 퍼블릭 스피치 강좌는 3분 자기소개 스피치에서 시작해서 10분 설득 스피치로 마무리되었습니다. 학기가 끝나고 저의 연설문들을 쭉 살펴보다가 그때야 비로소 저는 깨달았습니다. 제가 스피치에서 다룬 주제들이 전부 '교육'이 주제였다는 사실을요. 제가 열의를 갖고 파고드는 주제는 모두 교육이었던 것입니다! 특히 마지막 스피치는 '마약 근절'에 대한 것이었는데 저는 다음과 같은 주장을 하면서 사람들을 강하게 설득하고 있었습니다.

"마약한 사람들을 조사하고, 추적해서 잡아들이는 것보다 중요한 것은 교육 프로그램을 통한 예방이다. 마약한 사람을 추적하고 잡아서 처벌하는 비용의 몇십 분의 1에 해당하는 비용으로 교육훈련가를 양성할 수 있다. 처벌보다 예방이 급선무다. 속히 교육 프로그램을 과감하게 확장시켜서 청소년들이 마약에 손

대지 못하게 막는 일이 절실하다. 교육을 통한 예방은 치료보다 훨씬 강하고 중요하다."

이 스피치를 위해 관련 자료들을 검색하고 정리하면서 얼마나 재미있던지. 화학과 랩에서도 실험에 정진하지 않고 마약 관련 자료를 찾고 정리하고 있었습니다. 그리고 그 시간 내내 가슴이 뛰고 행복했습니다.

교육학으로 전공을 바꾸고 싶은 마음이 강하게 들었습니다. 흥미도 물론이거니와 제가 스피치에서 주장한 대로 교육프로그램은 사람들을 좋은 방향으로 변화시킬 수 있기에 일 자체의 의미가 크게 다가왔습니다.

'내가 어려움에 빠진 사람들을 도와줄 교육 프로그램을 만들고 운영하는 사람이 된다면 참 좋겠다. 그렇다면 이 세상 태어난 의미와 보람을 찾을 텐데!'

그런데 당시에는 이과생인 제가 문과인 교육학으로 전공을 바꿀 수 있다고 생각하지 못했습니다. 그런데 미국에 와서 생활하다 보니 전공을 바꿀 수도 있겠다는 생각이 들었습니다. 한국이라는 울타리를 넘어서서 생활하다 보니, 어느덧 시야가 트이기도 했습니다.

하지만 여전히 전공을 바꾸는 일은 부담스러웠습니다. 이미 연세대학교 화학과 대학원에도 입학했고 노스웨스턴대학교 화학과 랩에서 경력을 쌓고 있었습니다. 그런데 이것을 다 포기하고 원점에서 교육학 공부를 시작한다는 것이 지나치게 과감한 결정으로 느껴졌습니다. 학부에 편입해야 겨우 교육학 공부를 따라갈 것 같은데, 그러면 제가 교육학과 동기들보다 적어도 5세 이상 많을 터였습니다.

하지만 한동안의 생각 끝에 교육학을 전공하기로 마음먹었습니다. 앞으로 남은 수십 년의 활동 기간을 제가 좋아하고, 잘할 수 있는 일로 채우기로 마음먹었습니다. 그때 제가 그 결심을 하는 데에는 '디어 애비Dear Abbey'라는 미국 신문의 상담란도 크게 한몫했습니다. 디어 애비는 저희 부모님이 열심히 읽으시던 상담란인데, 종종 식탁에서 저희 남매에게 흥미로운 상담 사례를 이야기해주시곤 했습니다. 그런데 제가 미국에 있을 때 구독하던 시카고 트리뷴에도 디어 애비 상담란이 있었습니다.

"제 평생의 꿈은 외과 의사가 되는 것입니다. 그런데 여러 가지 상황으로 저는 의과대학에 가지 못했어요. 지금 저는 낮에는 병원이나 의료와 전혀 관계없는 일을 하고 있어요. 일을 마치고, 야간 대학에서 학점을 따고 있어요. 이렇게 틈틈이 공부하면 저는 48~50세쯤에야 외과 의사가 되어요. 주변에서 모두가 저를 말려요. 외과 의사는 50대 중반이면 수술을 잘 못 하는데, 50세에 의사가 되어서 고작 몇 년 의사할 것을, 왜 그 고생을 하느냐고요. 하지만 저는 정말 의사가 되고 싶어서 고민이 깊습니다. 제가 고작 몇 년 동안 의사를 하겠다고 도전하는 것이 너무 무모한

가요?"

이 질문에 애비는 짧고 강하게 답변했습니다.

"의사가 되지 않으면 50세에 무엇을 할 것인가요? 의사 말고 다른 대단한 것을 할 것인가요? 그리고 몇 년 밖에 의사 노릇을 못 한다고 걱정하고 있는데… 아예 의사가 되지 않으면 하루도 의사가 될 수 없습니다. 당신 평생의 꿈이 의사가 되는 거잖아요."

이 상담을 읽다 보니 정신이 번쩍 들었습니다. 고등학교 1학년 때 정한 이과, 문과의 틀에 얽매여서 화학 전공을 바꾸는 것이 어렵다고 생각한 제가 어리석게 느껴졌습니다. 지금 학부로 돌아가서 교육학을 다시 공부하면 약 5년여를 거꾸로 가는 것인데. 25세의 제게는 5년이 크지만, 50세가 넘으면 그 5년은 큰일이 아닐 것 같았습니다. 그리고 그 시간은 공부하는 시간이지 전혀 세월의 낭비가 아니었습니다.

게다가 디어 애비 상담란의 사례는 50세에 의사가 되고 55세에 은퇴하는 것을 걱정하는데 저는 20대에 전공 바꾸는 일을 걱정한다는 게 말도 안 됐습니다. 지금 전공을 바꾸지 않으면 앞으로 가슴이 뛰지 않는 일을 수십 년 동안 더 해야 했습니다.

"그래! 용기를 내서 도전해보자. 내가 좋아하는 일을 하면서 내가 원하는 삶을 살아야지. 평생 교육학의 흥미로운 주제에 대해 배우고 글을 쓰고 운이 좋으면 나중에 학생들을 가르치는 일도 할 수 있으면 얼마나 좋을까! 화학은 내 가슴을 뛰게 해주지 못하잖아. 전공, 지금 바꾸자!"

그래서 저는 미국에서 돌아오자마자 연세대학교 교육학과에 편입하고 교육학 공부를 시작했습니다. 이것이 제가 제 삶의 주인이 되어서 과감하게 미래를 선택했던 첫 경험입니다. 교육학과에 편입한 이후 저는 이전과는 비교도 안 될 만큼 열심히 공부했습니다. 공부가 참 잘 됐습니다. 전적으로 제가 선택해서 한 일이었기 때문에 정말 신났고 책임감도 컸습니다. 열심히 공부하니 성과도 좋았습니다. 성과가 좋으니 신나서 열심히 공부했습니다.

교육학과를 다니면서 공부하는 그 과정이 제게는 선물 같았습니다. 이전에 학교에 다녀야 해서 다닐 때는 느껴보지 못했던 감정이었습니다. 이것이 바로, 자율성의 힘입니다. 내가 선택해 나의 삶을 살아가는 것, 타인이 지시하거나 간섭하는 것이 아니라 내가 나의 주인이 되는 것, 그것이 자율성의 핵심입니다. 이 책에서도 살펴보았듯이 일단 내가 나의 주인이 되어서 선택한 일의 성과는 강력합니다.

단 한 번에 효과가 보이지 않는다고 해도 꾸준히 자기 행복을 위한 노력해나갈 때 우리는 지금 꿈꿀 수 있는 것보다 더 좋은 결과를 맞이하게 됩니다. 자신으로서 꾸준히 열심히 살아가며 주변 사람들과 잘 지내면 좋은 일이 일어납니다. 저는 매 학기 수업에서 어린 나이에도 큰 어려움을 딛고 연세대학교에 온 어린 학생들을 여럿 만납니다. 부족함 없는 환경에서 쭉 자라서 무난히 대학에 온 것 같은 학생들에게도 어려운 시절이 있습니다. 열일곱 나이에 인생 바닥을 세차게 치고 올라온 학생도 있습니다. 이렇게 어려움을 뚫고 살아남은 사람들이나 상대적으로 비교적 순조롭게 살아온 사람들이나 우리는 모두 자기결정성에 기반하여 살아가는 사람들입니다.

"아직 최고의 것은 오지 않았나니!"

이 마음을 늘 마음속에 깊이 간직하고 나 자신으로 살면서 자신이 원하는 꿈을 이루어나가는 여러분이 되시기를 기원합니다. 원하는 것들을 행복하게 성취하는 삶의 긴 여정에서 이 책이 아주 작은 도움이라도 되기를 소망합니다.

참고문헌

1　Deci, E. L., & Ryan, R. M. (1985). The general causality orientations scale: Self-determination in personality. *Journal of Research in Personality, 19*(2), 109-134.
Ryan, R. M., & Deci, E. L. (2000). Self-determination theory and the facilitation of intrinsic motivation, social development, and well-being. *American Psychologist, 55*(1), 68-78.

2　Ryan, R. M., & Deci, E. L. (2000). Self-determination theory and the facilitation of intrinsic motivation, social development, and well-being. *American Psychologist, 55*(1), 68-78.
Ryan, R. M., & Deci, E. L. (2017). *Self-determination theory: Basic psychological needs in motivation, development, and wellness.* Guilford Press.
Ryan, R. M., Soenens, B., & Vansteenkiste, M. (2019). Reflections on self-determination theory as an organizing framework for personality psychology: Interfaces, integrations, issues, and unfinished business. *Journal of Personality, 87*(1), 115-145.

3　Seligman, M. E. P. (2002). *Authentic happiness: Using the new positive psychology to realize your potential for lasting fulfillment.* Free Press.
Seligman, M. E. P., & Csikszentmihalyi, M. (2000). Positive psychology: An introduction. *American Psychologist,* 55(1), 5-14. https://doi.org/10.1037/0003-066X.55.1.5

4　Csikszentmihalyi, M. (1990). *Flow: The psychology of optimal experience* (1st ed.). Harper & Row.

5　Csikszentmihalyi, M. (1990). Flow: *The psychology of optimal experience* (1st ed.). Harper & Row.

6　Jang, H., Kim, E. J., & Reeve, J. (2012). Longitudinal test of self-determination theory's motivation mediation model in a naturally occurring classroom context. *Journal of Educational Psychology, 104*(4), 1175-1189.
Jang, H., Kim, E. J., & Reeve, J. (2016). Why students become more engaged or more disengaged during the semester: A self-determination theory dual-process model. *Learning and Instruction, 43,* 27-38.
Ryan, R. M., & Deci, E. L. (2000). Self-determination theory and the facilitation of intrinsic motivation, social development, and well-being. *American Psychologist, 55*(1), 68-78.

7　서은국. (2024). 행복의 기원. 21세기북스.
Diener, E., Sandvik, E., & Pavot, W. (1991). Happiness is the frequency, not the intensity, of positive versus negative affect. In F. Strack, M. Argyle, & N. Schwarz (Eds.), *Subjective well-being: An interdisciplinary perspective* (pp. 119-139). Pergamon Press.

Diener, E., Sandvik, E., & Pavot, W. (2009). Happiness is the frequency, not the intensity, of positive versus negative affect. In E. Diener (Ed.), *Assessing well-being: The collected works of Ed Diener* (pp. 213-231). Springer Science + Business Media. https://doi.org/10.1007/978-90-481-2354-4_10

Tov, W. (2012). Daily experiences and well-being: Do memories of events matter? *Cognition & Emotion, 26*(8), 1371-1389.

Rahm, T., Heise, E., & Schuldt, M. (2017). Measuring the frequency of emotions—validation of the Scale of Positive and Negative Experience (SPANE) in Germany. *PloS One, 12*(2), Article e0171288.

Dejonckheere, E., Rhee, J. J., Baguma, P. K., Barry, O., Becker, M., Bilewicz, M., ... Bastian, B. (2022). Perceiving societal pressure to be happy is linked to poor well-being, especially in happy nations. *Scientific Reports, 12*(1), Article 1514.

8   Ryan, R. M., & Deci, E. L. (2000). Self-determination theory and the facilitation of intrinsic motivation, social development, and well-being. *American Psychologist, 55*(1), 68-78.

Reeve, J. (2005). *Understanding motivation and emotion* (4th ed.). John Wiley & Sons.

9   Dweck, C. S. (2013). *Self-theories: Their role in motivation, personality, and development*. Psychology Press.

10   Reeve, J. (2009). Why teachers adopt a controlling motivating style toward students and how they can become more autonomy supportive. *Educational Psychologist, 44*(3), 159-175.

Ryan, R. M., & Deci, E. L. (2000). Self-determination theory and the facilitation of intrinsic motivation, social development, and well-being. *American Psychologist, 55*(1), 68-78.

Ryan, R. M., & Deci, E. L. (2017). *Self-determination theory: Basic psychological needs in motivation, development, and wellness*. Guilford Press.

Ryan, R. M., Soenens, B., & Vansteenkiste, M. (2019). Reflections on self-determination theory as an organizing framework for personality psychology: Interfaces, integrations, issues, and unfinished business. *Journal of Personality, 87*(1), 115-145.

11   Decharms, R., & Carpenter, V. (1968). Measuring motivation in culturally disadvantaged school children. *The Journal of Experimental Education, 37*(1), 31-41.

Ryan, R. M., & Deci, E. L. (2000). Self-determination theory and the facilitation of intrinsic motivation, social development, and well-being. *American Psychologist, 55*(1), 68-78.

Ryan, R. M., & Grolnick, W. S. (1986). Origins and pawns in the classroom: Self-report and projective assessments of individual differences in children's perceptions. *Journal of Personality and Social Psychology, 50*(3), 550-558.

12   Grolnick, W. S., & Ryan, R. M. (1987). Autonomy in children's learning: An

experimental and individual difference investigation. *Journal of Personality and Social Psychology, 52*(5), 890-898.

Levesque, C., Zuehlke, A. N., Stanek, L. R., & Ryan, R. M. (2004). Autonomy and competence in German and American university students: A comparative study based on self-determination theory. *Journal of Educational Psychology, 96*(1), 68-84.

Niemiec, C. P., & Ryan, R. M. (2009). Autonomy, competence, and relatedness in the classroom: Applying self-determination theory to educational practice. *Theory and Research in Education, 7*(2), 133-144.

Ryan, R. M., & Deci, E. L. (2000). Self-determination theory and the facilitation of intrinsic motivation, social development, and well-being. *American Psychologist, 55*(1), 68-78.

Vallerand, R. J., Pelletier, L. G., Blais, M. R., Briere, N. M., Senecal, C., & Vallieres, E. F. (1992). The Academic Motivation Scale: A measure of intrinsic, extrinsic, and amotivation in education. *Educational and Psychological Measurement, 52*(4), 1003-1017.

Vansteenkiste, M., Simons, J., Lens, W., Soenens, B., & Matos, L. (2005). Examining the motivational impact of intrinsic versus extrinsic goal framing and autonomy-supportive versus internally controlling communication style on early adolescents' academic achievement. *Child Development, 76*(2), 483-501.

13 Vallerand, R. J., Pelletier, L. G., Blais, M. R., Briere, N. M., Senecal, C., & Vallieres, E. F. (1992). The Academic Motivation Scale: A measure of intrinsic, extrinsic, and amotivation in education. *Educational and Psychological Measurement, 52*(4), 1003-1017.

14 Levesque, C., Zuehlke, A. N., Stanek, L. R., & Ryan, R. M. (2004). Autonomy and competence in German and American university students: A comparative study based on self-determination theory. *Journal of Educational Psychology, 96*(1), 68-84.

15 Reeve, J., Jang, H., Hardre, P., & Omura, M. (2002). Providing a rationale in an autonomy-supportive way as a strategy to motivate others during an uninteresting activity. *Motivation and Emotion, 26*, 183-207.

16 Diener, E. (2000). Subjective well-being: The science of happiness and a proposal for a national index. *American Psychologist, 55*(1), 34-43.

Vallerand, R. J., Fortier, M. S., & Guay, F. (1997). Self-determination and persistence in a real-life setting: Toward a motivational model of high school dropout. *Journal of Personality and Social Psychology, 72*(5), 1161-1176.

Ryan, R. M., & Connell, J. P. (1989). Perceived locus of causality and internalization: Examining reasons for acting in two domains. *Journal of Personality and Social Psychology, 57*(5), 749-761.

17 Reeve, J., & Assor, A. (2011). Do social institutions necessarily suppress indi-

viduals' need for autonomy? The possibility of schools as autonomy-promoting contexts across the globe. In V. I. Chirkov, R. M. Ryan, & K. M. Sheldon (Eds.), *Human autonomy in cross-cultural context: Perspectives on the psychology of agency, freedom, and well-being* (pp. 111-132). Springer.

18 마르틴 부버. (2020). 나와 너 (김천배, 역). 대한기독교서회. (Original work published 1923)
Buber, M. (1970). *I and Thou* (Vol. 243). Simon and Schuster.
Morgan, W. J., & Guilherme, A. (2012). I and Thou: The educational lessons of Martin Buber's dialogue with the conflicts of his times. *Educational Philosophy and Theory, 44*(9), 979-996.

19 Reeve, J., Jang, H., Carrell, D., Jeon, S., & Barch, J. (2004). Enhancing students' engagement by increasing teachers' autonomy support. *Motivation and Emotion, 28*, 147-169.

20 Jang, H., Kim, E. J., & Reeve, J. (2012). Longitudinal test of self-determination theory's motivation mediation model in a naturally occurring classroom context. Journal of *Educational Psychology, 104*(4), 1175-1189.

21 석지영. (2013). 내가 보고 싶었던 세계. 북하우스.

22 석지영. (2013). 내가 보고 싶었던 세계. 북하우스.

23 석지영. (2013). 내가 보고 싶었던 세계. 북하우스.

24 Niemiec, C. P., & Ryan, R. M. (2009). Autonomy, competence, and relatedness in the classroom: Applying self-determination theory to educational practice. *Theory and Research in Education, 7*(2), 133-144.

25 Bath, D. M., & Smith, C. D. (2009). The relationship between epistemological beliefs and the propensity for lifelong learning. *Studies in Continuing Education, 31*(2), 173-189.
Cassidy, S., & Eachus, P. (2000). Learning style, academic belief systems, self-report student proficiency and academic achievement in higher education. *Educational Psychology, 20*(3), 307-322.
Geitz, G., Joosten-ten Brinke, D., & Kirschner, P. A. (2016). Are marketing students in control in problem-based learning? *Cogent Education, 3*(1), Article 1222983.
Harris, A. (2003). Teacher leadership as distributed leadership: Heresy, fantasy or possibility? *School Leadership & Management, 23*(3), 313-324.
Kulakow, S. (2020). Academic self-concept and achievement motivation among adolescent students in different learning environments: Does competence-support matter? *Learning and Motivation, 70*, Article 101632.
Papinczak, T. (2009). Are deep strategic learners better suited to PBL? A preliminary study. *Advances in Health Sciences Education, 14*, 337-353.

26 Black, A. E., & Deci, E. L. (2000). The effects of instructors' autonomy support and students' autonomous motivation on learning organic chemistry: A self-de-

termination theory perspective. *Science Education, 84*(6), 740-756.

27 Deci, E. L., & Ryan, R. M. (Eds.). (2004). *Handbook of self-determination research.* University Rochester Press.

Reeve, J., & Tseng, C. M. (2011). Agency as a fourth aspect of students' engagement during learning activities. *Contemporary Educational Psychology, 36*(4), 257-267.

28 Reeve, J., & Jang, H. (2006). What teachers say and do to support students' autonomy during a learning activity. *Journal of Educational Psychology, 98*(1), 209-218.

김은주. (2024). 뇌과학 기반 동기와 학습. 학지사.

29 Deci, E. L., & Ryan, R. M. (1985). The general causality orientations scale: Self-determination in personality. *Journal of Research in Personality, 19*(2), 109-134.

Deci, E. L., & Ryan, R. M. (2000). The "what" and "why" of goal pursuits: Human needs and the self-determination of behavior. *Psychological Inquiry,* 11(4), 227-268. https://doi.org/10.1207/S15327965PLI1104_01

Elliot, A. J., & Thrash, T. M. (2002). Approach-avoidance motivation in personality: Approach and avoidance temperaments and goals. *Journal of Personality and Social Psychology, 82*(5), 804-818.

Reeve, J. (2005). *Understanding motivation and emotion* (4th ed.). John Wiley & Sons.

30 Vallerand, R. J., Fortier, M. S., & Guay, F. (1997). Self-determination and persistence in a real-life setting: Toward a motivational model of high school dropout. *Journal of Personality and Social Psychology, 72*(5), 1161-1176.

31 Standage, M., Duda, J. L., & Ntoumanis, N. (2003). A model of contextual motivation in physical education: Using constructs from self-determination and achievement goal theories to predict physical activity intentions. *Journal of Educational Psychology, 95*(1), 97-110.

32 성희은, & 김은주. (2017). 자녀가 지각한 부모의 생애목표가 기본심리욕구와 내재동기를 매개로 학업성취도 및 학교생활만족도에 미치는 영향. 청소년학연구, *24*(2), 347-368.

33 김은주, 김민규, & 임은비. (2012). 유능성과 관계성이 내재동기에 미치는 영향. 교육학연구, *50*(1), 193-225.

34 김은주, & 김민규. (2014). 대학신입생의 자율성과 유능성 및 대학생활 만족도 간의 시간에 따른 변화와 상호 연관성에 대한 잠재성장모형의 검증. 청소년학연구, *21*(5), 29-56.

35 이동귀, 손하림, 김서영, 이나희, & 오현주. (2023). 나는 왜 꾸물거릴까?: 미루는 습관을 타파하는 성향별 맞춤 심리학. 21세기북스.

36 Gladwin, T. E., & Figner, B. (2014). "Hot" cognition and dual systems: Introduc-

tion, criticisms, and ways forward. In E. H. Bijleveld & H. Aarts (Eds.), *Neuroeconomics, judgment, and decision making* (pp. 157-180). Psychology Press.

Gutiérrez-Cobo, M. J., Cabello, R., & Fernández-Berrocal, P. (2016). The relationship between emotional intelligence and cool and hot cognitive processes: A systematic review. *Frontiers in Behavioral Neuroscience, 10,* Article 101.

37 이동귀, 손하림, 김서영, 이나희, & 오현주. (2023). 나는 왜 꾸물거릴까?: 미루는 습관을 타파하는 성향별 맞춤 심리학. 21세기북스.

Flett, G. L., Blankstein, K. R., Hewitt, P. L., & Koledin, S. (1992). Components of perfectionism and procrastination in college students. *Social Behavior and Personality, 20*(2), 85-94.

Smith, M. M., Sherry, S. B., Saklofske, D. H., & Mushqaush, A. R. (2017). Clarifying the perfectionism-procrastination relationship using a 7-day, 14-occasion daily diary study. *Personality and Individual Differences, 112,* 117-123.

38 Csikszentmihalyi, M. (1975). Play and intrinsic rewards. *Journal of Humanistic Psychology, 15*(3), 41-63. https://doi.org/10.1177/002216787501500306

Csikszentmihalyi, M. (1985). Reflections on enjoyment. *Perspectives in Biology and Medicine, 28*(4), 489-497. https://doi.org/10.1353/pbm.1985.0019

Csikszentmihalyi, M. (1999). Implications of a systems perspective for the study of creativity. In R. J. Sternberg (Ed.), *Handbook of creativity* (pp. 313-335). Cambridge University Press.

Larson, R., & Csikszentmihalyi, M. (1978). Experiential correlates of time alone in adolescence. *Journal of Personality, 46*(4), 677-693.

Csikszentmihalyi, M., & Rathunde, K. (1998). The development of the person: An experiential perspective on the ontogenesis of psychological complexity. In W. Damon & R. M. Lerner (Eds.), *Handbook of child psychology: Theoretical models of human development* (5th ed., pp. 635-684). John Wiley & Sons.

Schunk, D. H., Pintrich, P. R., & Meece, J. L. (2008). *Motivation in education: Theory, research, and applications.* Pearson Education.

39 Csikszentmihalyi, M. (1990). *Flow: The psychology of optimal experience* (1st ed.). Harper & Row.

40 Csikszentmihalyi, M. (1990). *Flow: The psychology of optimal experience* (1st ed.). Harper & Row.

41 김은주. (2024). 뇌과학 기반 동기와 학습. 학지사.

Csikszentmihalyi, M. (1975). Play and intrinsic rewards. *Journal of Humanistic Psychology, 15*(3), 41-63. https://doi.org/10.1177/002216787501500306

Csikszentmihalyi, M. (1990). *Flow: The psychology of optimal experience* (1st ed.). Harper & Row.

Hektner, J. M., & Csikszentmihalyi, M. (1996). A longitudinal exploration of flow and intrinsic motivation in adolescents. Paper presented at the Annual Meeting of the American Education Research Association/Alfred Sloan Foundation.

42 Bandura, M., & Dweck, C. S. (1985). *The relationship of conceptions of intelligence and achievement goals to achievement-related cognition, affect and behavior* [Unpublished manuscript]. Harvard University.

Dweck, C. S. (2000). *Self-theories: Their role in motivation, personality, and development.* Psychology Press.

43 김은주. (2024). 뇌과학 기반 동기와 학습. 학지사.

44 Bandura, M., & Dweck, C. S. (1985). *The relationship of conceptions of intelligence and achievement goals to achievement-related cognition, affect and behavior* [Unpublished manuscript]. Harvard University.

Dweck, C. S., & Leggett, E. L. (1988). A social-cognitive approach to motivation and personality. *Psychological Review, 95*(2), 256-273.

45 Fredrickson, B. L. (1998). What good are positive emotions? *Review of General Psychology, 2*(3), 300-319.

Fredrickson, B. L. (2001). The role of positive emotions in positive psychology: The broaden-and-build theory of positive emotions. *American Psychologist, 56*(3), 218-226.

Fredrickson, B. L. (2004). The broaden-and-build theory of positive emotions. *Philosophical Transactions of the Royal Society of London. Series B: Biological Sciences, 359*(1449), 1367-1377.

Fredrickson, B. L. (2013). Positive emotions broaden and build. In P. Devine & A. Plant (Eds.), *Advances in experimental social psychology* (Vol. 47, pp. 1-53). Academic Press.

46 Huberman, A. (Host). (2022, July 11). Optimize & control your brain chemistry to improve health and performance [Audio podcast episode]. In *Huberman Lab.* Apple Podcasts. https://www.hubermanlab.com/episode/optimize-and-control-your-brain-chemistry-to-improve-health-and-performance

47 Reeve, J. (2016). Autonomy-supportive teaching: What it is, how to do it. In W. C. Liu, J. C. K. Wang, & R. M. Ryan (Eds.), *Building autonomous learners: Perspectives from research and practice using self-determination theory* (pp. 129-152). Springer.

Reeve, J., & Cheon, S. H. (2021). Autonomy-supportive teaching: Its malleability, benefits, and potential to improve educational practice. *Educational Psychologist, 56*(1), 54-77.

48 Isen, A. M., & Patrick, R. (1983). The effect of positive feelings on risk taking: When the chips are down. *Organizational Behavior and Human Performance, 31*(2), 194-202.

Isen, A. M., & Daubman, K. A. (1984). The influence of affect on categorization. *Journal of Personality and Social Psychology, 47*(6), 1206-1217.

Seligman, M. E. P. (2002). *Authentic happiness: Using the new positive psychology to realize your potential for lasting fulfillment.* Free Press.

49 Fredrickson, B. (2009). *Positivity: Groundbreaking research reveals how to embrace the hidden strength of positive emotions, overcome negativity, and thrive.* Crown Publishers/Random House.

50 Marsh, H. W., & Martin, A. J. (2011). Academic self-concept and academic achievement: Relations and causal ordering. *British Journal of Educational Psychology, 81*(1), 59-77.

Marsh, H. W., & Hau, K. T. (2003). Big-Fish--Little-Pond effect on academic self-concept: A cross-cultural (26-country) test of the negative effects of academically selective schools. *American Psychologist, 58*(5), 364-376.

Marsh, H. W., Morin, A. J., Parker, P. D., & Kaur, G. (2014). Exploratory structural equation modeling: An integration of the best features of exploratory and confirmatory factor analysis. *Annual Review of Clinical Psychology, 10*(1), 85-110.

Wouters, P., Van Nimwegen, C., Van Oostendorp, H., & Van Der Spek, E. D. (2013). A meta-analysis of the cognitive and motivational effects of serious games. *Journal of Educational Psychology, 105*(2), 249-265.

51 Reeve, J. (2005). *Understanding motivation and emotion* (4th ed.). John Wiley & Sons.

Reeve, J., & Deci, E. L. (1996). Elements of the competitive situation that affect intrinsic motivation. *Personality and Social Psychology Bulletin, 22*(1), 24-33. https://doi.org/10.1177/0146167296221003

52 Swart, T. (2020). *The source: Open your mind, change your life.* Vermilion.

53 Baumeister, R. F., & Leary, M. R. (1995). The need to belong: Desire for interpersonal attachments as a fundamental human motivation. *Psychological Bulletin, 117*(3), 497-529.

Hicks, J. A., & King, L. A. (2009). Positive mood and social relatedness as information about meaning in life. *The Journal of Positive Psychology, 4*(6), 471-482.

Ryan, R. M. (1995). Psychological needs and the facilitation of integrative processes. *Journal of Personality, 63*(3), 397-427.

Ryan, R. M., & Deci, E. L. (2019). Brick by brick: The origins, development, and future of self-determination theory. In A. J. Elliot (Ed.), *Advances in motivation science* (Vol. 6, pp. 111-156). Elsevier.

54 Amorose, A. J., & Anderson-Butcher, D. (2007). Autonomy-supportive coaching and self-determined motivation in high school and college athletes: A test of self-determination theory. *Psychology of Sport and Exercise, 8*(5), 654-670.

Furrer, C., & Skinner, E. (2003). Sense of relatedness as a factor in children's academic engagement and performance. *Journal of Educational Psychology, 95*(1), 148-162.

Hofer, J., & Busch, H. (2011). Satisfying one's needs for competence and relatedness: Consequent domain-specific well-being depends on strength of implicit motives. *Personality and Social Psychology Bulletin, 37*(9), 1147-1158.

Vansteenkiste, M., Lens, W., & Deci, E. L. (2006). Intrinsic versus extrinsic goal contents in self-determination theory: Another look at the quality of academic motivation. *Educational Psychologist, 41*(1), 19-31.

55 Baumeister, R. F. (2005). *The cultural animal: Human nature, meaning, and social life*. Oxford University Press.

Dunbar, K. (1997). How scientists think: On-line creativity and conceptual change in science. In T. B. Ward, S. M. Smith, & J. Vaid (Eds.), *Creative thought: An investigation of conceptual structures and processes* (pp. 461-493). American Psychological Association.

56 Decety, J., Michalska, K. J., & Kinzler, K. D. (2012). The contribution of emotion and cognition to moral sensitivity: A neurodevelopmental study. *Cerebral Cortex, 22*(1), 209-220.

Kelly, E. L., Moen, P., Oakes, J. M., Fan, W., Okechukwu, C., Davis, K. D., ... Casper, L. M. (2014). Changing work and work-family conflict: Evidence from the work, family, and health network. *American Sociological Review, 79*(3), 485-516.

57 Riess, H. (2017). The science of empathy. *Journal of Patient Experience, 4*(2), 74-77.

58 김주환. (2023). 내면소통. 인플루엔셜.

59 Stillman, T. F., Baumeister, R. F., Lambert, N. M., Crescioni, A. W., DeWall, C. N., & Fincham, F. D. (2009). Alone and without purpose: Life loses meaning following social exclusion. *Journal of Experimental Social Psychology, 45*(4), 686-694.

60 Koss, M. P., & Figueredo, A. J. (2004). Change in cognitive mediators of rape's impact on psychosocial health across 2 years of recovery. *Journal of Consulting and Clinical Psychology, 72*(6), 1063-1072.

61 Zaza, C., & Baine, N. (2002). Cancer pain and psychosocial factors: A critical review of the literature. *Journal of Pain and Symptom Management, 24*(5), 526-542.

62 King, C. A., Segal, H. G., Naylor, M., & Evans, T. (1993). Family functioning and suicidal behavior in adolescent inpatients with mood disorders. *Journal of the American Academy of Child & Adolescent Psychiatry, 32*(6), 1198-1206.

63 Burgoyne, R., & Renwick, R. (2004). Social support and quality of life over time among adults living with HIV in the HAART era. *Social Science & Medicine, 58*(7), 1353-1366.

64 김주환. (2023). 내면소통. 인플루엔셜.

Eisenberger, N. I. (2012). The pain of social disconnection: Examining the shared neural underpinnings of physical and social pain. *Nature Reviews Neuroscience, 13*(6), 421-434.

65 Eisenberger, N. I., Jarcho, J. M., Lieberman, M. D., & Naliboff, B. D. (2006).

An experimental study of shared sensitivity to physical pain and social rejection. *Pain, 126*(1-3), 132-138.

66 Helsen, M., Vollebergh, W., & Meeus, W. (2000). Social support from parents and friends and emotional problems in adolescence. *Journal of Youth and Adolescence, 29*(3), 319-335.

Loscocco, K. A., & Spitze, G. (1990). Working conditions, social support, and the well-being of female and male factory workers. *Journal of Health and Social Behavior, 31*(4), 313-327.

67 Isen, A. M., Daubman, K. A., & Nowicki, G. P. (1987). Positive affect facilitates creative problem solving. *Journal of Personality and Social Psychology, 52*(6), 1122-1131.

Kraiger, K., Billings, R. S., & Isen, A. M. (1989). The influence of positive affective states on task perceptions and satisfaction. *Organizational Behavior and Human Decision Processes, 44*(1), 12-25.

68 Isen, A. M., Daubman, K. A., & Nowicki, G. P. (1987). Positive affect facilitates creative problem solving. *Journal of Personality and Social Psychology, 52*(6), 1122-1131.

69 권석만. (2012). 현대 심리치료와 상담 이론. 학지사.
Rogers, C. R. (2009). 진정한 사람되기 (주은선, 역.). 학지사. (Original work published 1961)

70 Parker, J. D., Creque Sr, R. E., Barnhart, D. L., Harris, J. I., Majeski, S. A., Wood, L. M., ... Hogan, M. J. (2004). Academic achievement in high school: Does emotional intelligence matter? *Personality and Individual Differences, 37*(7), 1321-1330.

71 Gardner, H. (1995). Reflections on multiple intelligences. *Phi Delta Kappan, 77*(3), 200-208.
Gardner, H. (2006). *The development and education of mind*. Taylor & Francis.

72 Honeycutt, J. M. (2022). Imagined interactions: *Daydreaming about communication*. Hampton Press.

73 김주환. (2023). 내면소통. 인플루엔셜.

74 Joel, S., Eastwick, P. W., Allison, C. J., Arriaga, X. B., Baker, Z. G., Bar-Kalifa, E., ... Wolf, S. (2020). Machine learning uncovers the most robust self-report predictors of relationship quality across 43 longitudinal couples studies. *Proceedings of the National Academy of Sciences, 117*(32), 19061-19071.
Stephens-Davidowitz, S. (2022). *Don't trust your gut: Using data to get what you really want in life*. Bloomsbury Publishing.

75 Davila, J., Bradbury, T. N., Cohan, C. L., & Tochluk, S. (1997). Marital functioning and depressive symptoms: Evidence for a stress generation model. *Journal of Personality and Social Psychology, 73*(4), 849-861.

76 Proulx, C. M., Helms, H. M., & Buehler, C. (2007). Marital quality and personal well-being: A meta-analysis. *Journal of Marriage and Family, 69*(3), 576-593.

77 Diener, E., & Seligman, M. E. (2002). Very happy people. *Psychological Science, 13*(1), 81-84.

78 Helsen, M., Vollebergh, W., & Meeus, W. (2000). Social support from parents and friends and emotional problems in adolescence. *Journal of Youth and Adolescence, 29*(3), 319-335.
Rüesch, P., Graf, J., Meyer, P. C., Rössler, W., & Hell, D. (2004). Occupation, social support and quality of life in persons with schizophrenic or affective disorders. *Social Psychiatry and Psychiatric Epidemiology, 39*, 686-694.

79 Karademas, E. C. (2006). Self-efficacy, social support and well-being: The mediating role of optimism. *Personality and Individual Differences, 40*(6), 1281-1290.

80 Zimmermann, A. C., & Easterlin, R. A. (2006). Happily ever after? Cohabitation, marriage, divorce, and happiness in Germany. *Population and Development Review, 32*(3), 511-528.

81 Geake, J., & Cooper, P. (2003). Cognitive neuroscience: Implications for education? *Westminster Studies in Education, 26*(1), 7-20.

82 Ellis, A. (2013). *Better, deeper and more enduring brief therapy: The rational emotive behavior therapy approach.* Routledge.
Ellis, A., & Dryden, W. (2007). *The practice of rational emotive behavior therapy.* Springer.
Ellis, A., & Harper, R. A. (1961). *The marriage bed* (Vol. 44, No. 605). Tower.

83 Jones, E. E., & Wortman, C. (1973). *Ingratiation: An attributional approach.* General Learning Press.
Leary, M. R., Tchividijian, L. R., & Kraxberger, B. E. (1994). Self-presentation can be hazardous to your health: Impression management and health risk. *Health Psychology, 13*(6), 461-470.
Leary, M. R., & Kowalski, R. M. (1990). Impression management: A literature review and two-component model. *Psychological Bulletin, 107*(1), 34-47.

84 김은주. (2005). 자아구성과 내·외재 동기유형이 교수자의 자기제시에 대한 학습자의 평가에 미치는 영향. 교육심리연구, 19(4), 1065-1086.

85 Kim, E. J., Berger, C., Kim, J., & Kim, M. S. (2014). Which self-presentation style is more effective? A comparison of instructors' self-enhancing and self-effacing styles across the culture. *Teaching in Higher Education, 19*(5), 510-524.

86 Dupree, C. H., & Fiske, S. T. (2017). *Universal dimensions of social signals: Warmth and competence.* Cambridge University Press.
Fiske, S. T., Cuddy, A. J., & Glick, P. (2007). Universal dimensions of social cognition: Warmth and competence. *Trends in Cognitive Sciences, 11*(2), 77-83.
Cuddy, A. J., Fiske, S. T., & Glick, P. (2008). Warmth and competence as univer-

sal dimensions of social perception: The stereotype content model and the BIAS map. *Advances in Experimental Social Psychology, 40*, 61-149.

87 Casciaro, T., & Lobo, M. S. (2005). Competent jerks, lovable fools, and the formation of social networks. *Harvard Business Review, 83*(6), 92-99.

88 이도준. (2013). 뇌로 통하다. 21세기북스.
Decety, J., & Lamm, C. (2009). The biological basis of empathy. In G. G. Berntson & J. T. Cacioppo (Eds.), *Handbook of neuroscience for the behavioral sciences* (pp. 940-957). John Wiley & Sons.
Lamm, C., Decety, J., & Singer, T. (2011). Meta-analytic evidence for common and distinct neural networks associated with directly experienced pain and empathy for pain. *NeuroImage, 54*(3), 2492-2502.

89 Zaki, J., & Ochsner, K. N. (2012). The neuroscience of empathy: Progress, pitfalls and promise. *Nature Neuroscience, 15*(5), 675-680.

90 Shamay-Tsoory, S. G. (2009). Empathic processing: Its cognitive and affective dimensions and neuroanatomical basis. In J. Decety & W. Ickes (Eds.), *The social neuroscience of empathy* (pp. 215-232). MIT Press.

91 Decety, J., & Lamm, C. (2009). The biological basis of empathy. In G. G. Berntson & J. T. Cacioppo (Eds.), *Handbook of neuroscience for the behavioral sciences* (pp. 940-957). John Wiley & Sons.
Eisenberg, N., Spinrad, T. L., & Eggum, N. D. (2010). Emotion-related self-regulation and its relation to children's maladjustment. *Annual Review of Clinical Psychology, 6*(1), 495-525.
Eisenberg, N., & Eggum, N. D. (2009). Empathic responding: Sympathy and personal distress. In J. Decety & W. Ickes (Eds.), *The social neuroscience of empathy* (pp. 71-83). MIT Press.

92 Zaki, J., & Ochsner, K. N. (2012). The neuroscience of empathy: Progress, pitfalls and promise. *Nature Neuroscience, 15*(5), 675-680.

93 Decety, J., & Lamm, C. (2009). The biological basis of empathy. In G. G. Berntson & J. T. Cacioppo (Eds.), *Handbook of neuroscience for the behavioral sciences* (pp. 940-957). John Wiley & Sons.
Eisenberg, N., & Eggum, N. D. (2009). Empathic responding: Sympathy and personal distress. In J. Decety & W. Ickes (Eds.), *The social neuroscience of empathy* (pp. 71-83). MIT Press.

94 김재진. (2010). 뇌를 경청하라. 21세기북스.

95 Hare, B. (2017). Survival of the friendliest: Homo sapiens evolved via selection for prosociality. *Annual Review of Psychology, 68*(1), 155-186.
Zaki, J. (2019). *The war for kindness: Building empathy in a fractured world.* Crown.

96 Riess, H. (2018). *The empathy effect: 7 neuroscience-based keys for transforming the*

way we live, love, work, and connect across differences. Sounds True.

97   Hooker, C. I., Germine, L. T., Knight, R. T., & D'Esposito, M. (2006). Amygdala response to facial expressions reflects emotional learning. *Journal of Neuroscience, 26*(35), 8915-8922.

Jackson, P. 3L., Meltzoff, A. N., & Decety, J. (2005). How do we perceive the pain of others? A window into the neural processes involved in empathy. *NeuroImage, 24*(3), 771-779.

Lamm, C., Decety, J., & Singer, T. (2011). Meta-analytic evidence for common and distinct neural networks associated with directly experienced pain and empathy for pain. *NeuroImage, 54*(3), 2492-2502.

98   Zaki, J. (2019). *The war for kindness: Building empathy in a fractured world.* Crown.

99   Petrovic, P., Kalisch, R., Singer, T., & Dolan, R. J. (2008). Oxytocin attenuates affective evaluations of conditioned faces and amygdala activity. *Journal of Neuroscience, 28*(26), 6607-6615.

100   김은주. (2020). 뇌과학과 동기이론에 기반한 교수학습방법 연구와 적용의 새로운 패러다임. 학지사.

김은주. (2024). 뇌과학 기반 동기와 학습. 학지사.

Riess, H. (2017). *The science of empathy. Journal of Patient Experience, 4*(2), 74-77.

101   Loire, E., Tusso, S., Caminade, P., Severac, D., Boursot, P., Ganem, G., & Smadja, C. M. (2017). Do changes in gene expression contribute to sexual isolation and reinforcement in the house mouse? *Molecular Ecology, 26*(19), 5189-5202.

Riess, H. (2018). *The empathy effect: 7 neuroscience-based keys for transforming the way we live, love, work, and connect across differences.* Sounds True.

Riess, H., & Kraft-Todd, G. (2014). EMPATHY: A tool to enhance nonverbal communication between clinicians and their patients. *Academic Medicine, 89*(8), 1108-1112.

102   Ekman, P. (2007). The directed facial action task. In J. A. Coan & J. J. B. Allen (Eds.), *Handbook of emotion elicitation and assessment* (pp. 47-53). Oxford University Press.

Riess, H. (2018). *The empathy effect: 7 neuroscience-based keys for transforming the way we live, love, work, and connect across differences.* Sounds True.

103   Künecke, J., Hildebrandt, A., Recio, G., Sommer, W., & Wilhelm, O. (2014). Facial EMG responses to emotional expressions are related to emotion perception ability. *PLoS One, 9*(1), Article e84053.

104   Kandel, E. R. (2012). The molecular biology of memory: cAMP, PKA, CRE, CREB-1, CREB-2, and CPEB. *Molecular Brain, 5*, Article 14.

105   Riess, H. (2018). *The empathy effect: 7 neuroscience-based keys for transforming the way we live, love, work, and connect across differences.* Sounds True.

106 Hatfield, E., Hsee, C. K., Costello, J., & Weisman, M. S. (1995). The impact of vocal feedback on emotional experience and expression. *Journal of Social Behavior & Personality, 10*(2), 293-312.

107 Riess, H. (2018). *The empathy effect: 7 neuroscience-based keys for transforming the way we live, love, work, and connect across differences.* Sounds True.

108 Ambady, N., Koo, J., Rosenthal, R., & Winograd, C. H. (2002). Physical therapists' nonverbal communication predicts geriatric patients' health outcomes. *Psychology and Aging, 17*(3), 443-452.

109 Kandel, E. R. (2012). The molecular biology of memory: cAMP, PKA, CRE, CREB-1, CREB-2, and CPEB. Molecular Brain, 5, Article 14.
Riess, H. (2018). *The empathy effect: 7 neuroscience-based keys for transforming the way we live, love, work, and connect across differences.* Sounds True.

자기결정성, 나로서 살아가는 힘

2025년 3월 19일 초판 1쇄 발행

지은이 김은주
펴낸이 이원주

책임편집 김유경, 강동욱 **디자인** 정은예
기획개발실 강소라, 박인애, 류지혜, 이채은, 조아라, 최연서, 고정용
마케팅실 양근모, 권금숙, 양봉호, 이도경 **온라인홍보팀** 신하은, 현나래, 최혜빈
디자인실 진미나, 윤민지 **디지털콘텐츠팀** 최은정 **해외기획팀** 우정민, 배혜림, 정혜인
경영지원실 강신우, 김현우, 이윤재 **제작팀** 이진영
펴낸곳 (주)쌤앤파커스 **출판신고** 2006년 9월 25일 제406-2006-000210호
주소 서울시 마포구 월드컵북로 396 누리꿈스퀘어 비즈니스타워 18층
전화 02-6712-9800 **팩스** 02-6712-9810 **이메일** info@smpk.kr

ⓒ 김은주(저작권자와 맺은 특약에 따라 검인을 생략합니다)
ISBN 979-11-94246-91-6 (03320)

쌤앤파커스(Sam&Parkers)는 독자 여러분의 책에 관한 아이디어와 원고 투고를 설레는 마음으로 기다리고
있습니다. 책으로 엮기를 원하는 아이디어가 있으신 분은 이메일 book@smpk.kr로 간단한 개요와 취지, 연
락처 등을 보내주세요. 머뭇거리지 말고 문을 두드리세요. 길이 열립니다.